이창기 유고시집

님을 따라

님을 따라

이창기 유고시집

『바보 과대표』의 저자 홍치산

도서출판 615

님을 따라

초판 발행일: 2019년 11월 18일
지은이: 이창기
편 집: 김영란, 김일심
디자인: 배주연
펴낸이: 김은희
펴낸곳; 도서출판 615
주소: 서울특별시 강북구 미아동 688-5, 305호
전화: 02)3491-6015/ FAX 02)954-4045

ISBN: 978-89-93884-45-6 03810
값: 10,000원

「이 도서의 국립중앙도서관 출판예정도서목록(CIP)은 서지정보유통지원시스템 홈페이지(http://seoji.nl.go.kr)와 국가자료공동목록시스템(http://www.nl.go.kr/kolisnet)에서 이용하실 수 있습니다.」

“이 제작물은 아모레퍼시픽의 아리따글꼴을 사용하여 디자인 되었습니다.”

시집을 발간하며

늦은 밤 남편의 노트북 자판 두드리는 소리를 자장가 삼아 잠들던 날들로부터 멀어져 갑니다. 그 밤에 썼던 기사나 시들을 나중에 읽고는 뒤늦은 후회로 고통의 시간을 보내야 했습니다. 남편이 바빠서 시를 못 쓰는 줄 알았는데 수첩이나 노트의 작은 귀퉁이에 적어둔 손글씨를 발견하면 반가움에 만감이 교차했습니다. 기쁜 날, 슬픈 날, 많은 날을 시인 홍치산으로 살고 있었습니다.

시집 『님을 따라』는 대학생 시인 홍치산으로 출간한 『바보 과대표(1993년)』와 『10분 사랑(1996년)』 이후 세 번째 시집입니다. 학교를 떠나서는 기자 이창기로 사느라 다시 시집을 세상에 내놓게 되기까지 26년이라는 시간이 걸렸습니다. 이 세 권이 만들어지는 동안 홍치산 선배를 지켜보는 후배였고 마지막을 눈물로 보내야 했던 가족이었습니다.

시로 노래해준 장면들이 심장으로 읽힙니다. 시간을 달려 과거의 그날로 데리고 갑니다. 그날의 햇살과 향기도 전해오는 느낌입니다. 딸에게 쓴 편지에 "작은 것 연약해 보이는 것도 다시 보아라. 모두 다 쓸모가 있는 것이란다..."라고 했는데 작은 들꽃과 풀벌레들을 들여다보며 골똘히 응시하고 있는 장면도 그려집니다.

시에서 '한 톨 남김없이, 후회 없이 살다, 씨익 미소 한번 짓고 떠날 수 있다'는 말이 진심임을 압니다. 아마도 남겨진 가족, 지인들의 애달픔을 덜어주고자 시로 남긴 것은 아닌지, 눈으로만 보지 말고 마음으로 보면 항상 같이 있다고 말하는 것 같습니다.

새로 수록된 시의 일부는 편지나 노트에 습작으로 남긴 것을 그대로 실었습니다. 탈고를 거치지 않은 시들을 선별해주시고 제작에 의견을 모아주신 지인들께 감사드립니다. 부족함이 많지만, 너그러운 남편은 이해해 주리라 믿습니다.

2019.11.18. 김일심

° 시집 『님을 따라』는 이창기 시인이 일기처럼 쓴 다수의 습작시를 모아 유고집으로 출간하게 되었습니다. 시인 본인의 직접 탈고를 거치지 않은 투박한 글을 최대한 살려서 실었습니다.

° 시집에 나오는 삽화는 이창기 시인이 감옥에 구금되어 있을 때, 감옥 안 운동장 한쪽에 핀 꽃과 잎들을 말린 뒤에 지인들에게 편지와 함께 보내준 것입니다.

차례

3부. 님을 따라

4부. 나는 운동권이 아니었다

5부. 승리의 산 지리산

6부. 절벽 억새꽃

7부. 바보 과대표와 10분 사랑

1부. 무명전사의 미소

바람에 휘어지는 만큼
강하게 일어나는 풀처럼

단순한 삶

옳으면 가고
해야할 일이라면
목숨을 던진다.

살면 얼마나 산다고
나의 안락만을 탐하랴

단 하루를 살아도
민족을 위해
인간의 존엄을 위해!

창살턱의 방가지똥

언젠가 보았던
보도 길돌 사이 피어난 민들레
옥상 콘크리트 틈새 뿌리서린 씀바귀
여기 감옥 쇠창살 창턱 기어이 작고 노란 꽃 피운 방가지똥

흙이 없으면 쌓인 먼지에라도 뿌리내리고
그늘에서도 기어이 꽃을 피워 씨앗 퍼트리는
저 들꽃처럼
애국의 의지 꽃피워가리

단 한 시도 조국을 잊은 적 없고
단 하루도 할일 저버린 적 없노라고
큰일은 못 했어도 저 들풀처럼 살았노라고
하여 행복했노라고
최후의 순간이 오면
바람에 하늘거리는 저 방가지똥처럼
씨익씨익 미소지으리

무명전사의 미소

재물 탐욕하는 자 매국노 되고
지위 탐욕하는 자 당쟁꾼 되고
값있는 이름 떨치려는 사람 영웅이 되고

양심의 명령 따라
온 몸 내던지는 사람
무명전사

조국의 부름에
행복한 후대들
당당한 민족의 내일 그려
이름도 없이
생의 마지막 순간
얼굴 가득 미소 한 번 짓고서는
서슴없이 돌격하는
티 없는 그 이름
가장 용감한 그 이름
무명전사!

눈 감고 생각해보면
역사의 굽이굽이
역력히 새겨진 그 돌격의 발자취들

눈을 들어 바라보면
조국산천 골골능선
환하게 반겨주는 티 없는 미소들

하여 어느덧
가슴가득 담고싶은 그 미소
얼굴가득 피우고픈 그 미소

아!
무명전사의 미소

청년 통일조국

세계 강대국들의 중심 한반도
비무장지대로 갈라진 완충지대,
샌드위치가 아닌
이제 그들을 좌지우지할 통일한반도

청년아!
그 통일조국이 부른다.
그날의 주인들 어서오라 부른다.
약소국의 비애 영영 끝장 낼
강대한 통일조국이 부른다.

반만년 가꿔온 따뜻한 인정
고상한 사상문화 찬란하게 꽃피울
통일조국이 부른다.
그날의 주인인 청년들을 부른다.

치욕의 사대, 지긋지긋한 가난
영영 끝장낼 빛나는 통일조국
어찌 그대의 땀방울 없이
그날을 떳떳이 맞으랴!

청년아!
조국이 그대를 부른다
애국으로 빛나는 젊은 눈동자
애민으로 들끓는 억센 심장 찾는다.

어서 가자 청년아!
온 세상이 우러를 통일조국
온 세상에 평화번영 선물할 통일한반도
청년아! 통일조국이 그대를 부른다.

한반도 청년

한 명을 잡아가면
열 명이 결의하고
열 명이 결의하면
백 명이 어깨 걸고 일어서는
의리의 청년들
한반도 청년!

사대와 매국의 치욕
제국의 폭압과 최후 발악 뒤엎고
자주와 통일의 한반도
호혜와 평등 평화 세계 건설할
자랑스런 청년들
한반도 청년!

민족을 넘어 세계의 희망

한반도 청년들의 진군

칠 테면 쳐보라

거침없이 쓸어버릴테니

막을 테면 막아라

단방에 파열구 뚫어버릴테니!

언제까지

언제까지 눈치 보며 살 텐가
도대체 언제까지
강대국에 굽실거리며 살 것인가
자동차와 손전화기, 선박과 기계로 세계시장 말아 쥐면서도
어찌 여전히 사대주의에 쩔어
뼈속까지 친미, 친일 조잘거리며 굽실거린단 말인가

위성을 펑펑 쏘아 올리고
강대국과의 협상탁자 박차고 나오며 호령하는
저 북녘동포들의 기개를 보면서도
언제까지 미,일 외세에 아부굴종 쩔쩔매며 살 텐가
도대체 언제까지

미,일이야 겉으론 혈맹이니 하지만
속으론 간 쓸개도 없는 족속이라며
같은 민족끼리 싸움질이라며
얼마나 얕잡아 보겠는가

이 치욕의 사대매국 좀벌레 사고
언제면 벗어나겠는가
이 버러지 같은 생각 도대체 언제면!

까짓 것

한번 쉬었다 가면 그만인 것을
뭐가 그리 두려워 가슴 졸였던가
“혹시 이 표현 찬양고무에 걸리지나 않을까”
눈이 벌겋게 찾아 고치고 지우며 졸여온 가슴!

막상 감옥에 와 보니
별 것 아닌 것을
무권리와 가난, 천대와 멸시
몸부림치는 노동자, 농민, 빈민 천지인 세상
아내와 자식 고생 좀 시킨다고
그리 두려웠나

동지들이 있고
후원단체도 많은데
요즘 옥밥,
영양가 따져 짠 식단
양도 넉넉한데,

적당한 운동 곁들여 건강 챙기고
바빠서 못한 공부 실컷하고
여기저기 투고
붓대포 쾅쾅 쏴대며
싸울 수도 있는데

감옥에 와서 생각해보니
너무 그리 쫄며 살 일 아니더라
까짓 것
옥밥 좀 먹을 각오
가슴 쫙 펴고
통일의 글, 진실의 글
심장의 고동따라
당당하게
써 볼 일이더라

각오

항일 무장 투쟁 시절
선배님들은 적어도 세 가지의 각오가 필요했다.
굶어 죽을 각오, 얼어 죽을 각오, 맞아 죽을 각오

자주 민족 통일을 위해 산악 같이
떨쳐나선 80년대 선배 전사들도
고문 받아 죽을 각오도 해야 했다

아! 소리없이 싸우다 아침 이슬처럼 사라져 간 이들
선배 전사님들도 늘 입버릇처럼 날마다
우리가 뿌린 씨를 꼭 우리가 거두란 법은 없다
진정한 애국자는 그저 애국자답게 사는 거라고
그저 양심의 소리 따라 사는 것 뿐이라고
분단 반세기가 훌쩍 넘은 지금
우리는 이제 죽음을 고민할 필요가 없다

아니 고문 받을 각오도 필요없다
다만 부모님께 생색내며 효도 못하는 것
친구들 결혼식 잔치에 가보지 못하는 정도일 뿐이다.
그러고도 우리는 머지않은 날에 통일을 보게 된다
이 얼마나 행복한 세대인가
다 바쳐 싸우자
기어이 통일 조국 건설하여 선배들의 원한도 풀고
역사의 흐름을 바로잡자!

통일운동

운동 중에 가장 힘든 운동이
통일운동이라지만

진보운동 중에서도
종북으로 몰려
가장 감옥가기 좋다지만

가족들까지
피해 각오해야 할
보이지 않는 연좌제
여전히 노리는
통일운동이라지만

요즘 통일운동하다
굶어 죽었다는 사람
못 보았다.

가족이 굶는다는 얘기도
못 들었다.

문제는
목숨 딱 내놓고
진짜 온몸 던져
통일운동에 나서느냐다.

민족의 숙원
겨레의 염원인
통일 앞당기는
성스러운 통일운동
진심으로 온몸 던진다면
어찌
민족이 외면하겠는가?

진짜 통일운동가 중에
굶어 죽는 사람 없었다.

동지들의 의리
벗들의 사랑
마음으로 이미 느낄 수 있는
민족의 격려
가슴 후덥게
차오를 뿐 외로움은 없었다.

2부. 아침해를 보며

비바람 폭풍우
이겨낸
저!
강인한 들풀처럼

민들레 저항

베고 또 베고 또 베어내도
바로 잎과 꽃망울 쑥 피워 올리는
민들레
'벨 테면 베라'

뿌리가 있는 한
벨 때마다 꽃을 피워 올리는 한
하여 사방팔방
홀씨 날려 보내는 한

뿌리 뽑아도
땅 갈아 엎어도
막을 수 없는
민들레의 저항

'어디, 벨 테면 베라! '

민들레 민족

밟힐수록
뿌리 굵어지는 민들레

쓸수록
지혜 깊어가는 머리

칠수록
뼛속 강해지는 주먹

나눌수록
정 돈독해지는 가슴

하여,
수천년 굵어지고 깊어지고 강해지고
돈독해진
우리 민족

그리하여 이제,
강인한 기상
따뜻한 빛
싱그런 향기로
온 세상 뒤덮어 갈
민들레 우리 민족
생명의 민족

아침해를 보며

아침이면 어김없이 떠오르는
햇님을 믿듯
나는 그대를 믿고
그대는 나를 믿고
우리 모두를 믿으며
승리의 내일을 개척하자

구름 가득해도
햇님은 빛나고 있나니
어김없는 햇님처럼
조급하지 말고

온 몸 태우는 태양처럼
하루하루 열정으로 살아가자

결정적 시각

오싹오싹
압박하는 백두 맹호 눈빛으로

바싹바싹
접근하는 밀림 맹호 은밀함으로

이글이글
살금살금
그렇게 불타는 눈빛
소리도 없이

마침내 기회

"따웅"

"으르렁"

궁지에 몰아넣고 육박하는 맹호처럼
천지 전율의 포효 터트릴 그날

내 나라
온 세상
악의 무리 쓸어버릴 결정적 시각
바투바투 다가오고 있나니

오늘,
우리 민족 이 기회 만들려
얼마나 많은 시련 이겨왔던가!

판가리 싸움판,
육박하는 결정적 공격 시각

백두대간 호랑이
털끝 카락카락 송곳처럼 날을 세운다.

벗들이여

마음 다잡자

신발끈 조이자

4.19 정신의 계승을 다짐하며

당신의 安樂
超然히 버려
義로운 피
아끼지 않은 것은

당신의 生命
당신의 靑春보다 소중한
祖國이 있음이요
後代가 있음이었네

° 고려대학교 4.18기념탑에 새겨진 홍치산 시

벼랑을 타고 넘는 바람처럼

끓는 피 주체 못하던 스무살
그날의 맹세 생생한데
어느덧 불혹도 중반

여전히 조국은 분단으로 전운 짙어가고
벗들은 오늘도 캠프캐럴 미군기지 앞에서
고엽제 오랑캐 몰아내려 온 몸을 던지고
월 3만원 상근비 10만원으로 올랐다고
환한 미소 지으며 8.15 대회 성사 위해 바쁘게 뛰던
부산지역 후배들

얼마나 더 싸워야
이 싸움 끝날까.
언제쯤 가족들 걱정 덜고
그 언제면 고운 님 통일조국 품에
온 몸 안길 수 있을까.

허나, 어찌 쉽게 끝나랴
양키, 오랑캐와의 싸움은 세계 최강 제국과의 싸움
이 싸움의 끝은 영원한 자주의 새 역사 열리는 싸움
지긋지긋한 사대매국 오욕사 영영 쓸어버리는 싸움
하여 내가 싸우다 쓰러지면
내 딸이 이어 싸워 기어이 끝을 봐야 할 싸움

조급하지 않으련다.

오랑캐들 여전히 조국을 유린하는데
만백성의 통곡소리 삼천에 진동하는데
남아 장부 뽑은 장검
어찌 칼집에 넣으랴!

300만 오랑캐 쫓아가며 모조리 쓸어버린
고구려 전사의 피 이내 심장 맥박치는데
십여척 쪽배로 400여척 왜놈 함대 모조리 수장시킨
명량해전 선조들 기상 핏줄 속에서 꿈틀대는데
어찌 칼을 여기서 거둘 수 있으랴
물질적 여유와 안락에 젖으랴

심호흡
다시 마음 가다듬고
칼자루 다시 틀어쥐고

거연한 벼랑 사뿐 타고 넘는 바람처럼
마음 가벼이
천길 벼랑 내리 꽂히는 폭포처럼
주저 없이
다시 던지자
온 몸을

심장에 고동치는 5천년의 원한
아직은 풀지 못했다.
외세 강점 그 울분의 피
조금도 달랜 것이 없다.

차라리
산산이 부서지는 폭포수가 될지라도
여한 없이 던지리라
온 몸으로 춤을 추리라.
칼춤을 추리라.
바람처럼
폭포처럼!

가뭄과 들풀

30년만의 가뭄
질경이도, 민들레도, 토끼풀도, 망초꽃도
한 잎, 두 잎 시들어 타버린 잎새들
딱정벌레도
벌, 나비도 자취 감춘 풀밭
말라비틀어지고 쓰러진 풀대들

그러던 어느 날
애타게 기다리던 단비
밤새 주륵주륵 내리니
순식간에 파릇파릇 돋아나는
질경이, 민들레, 토끼풀 새싹들
쑥쑥 올라오는 망초꽃 꽃대

동시에 바로 피어나는
망초, 토끼풀꽃…
무성하게 날아예는 벌, 나비와 딱정벌레
뿌리 깊은 들풀의 생명력!

저 들풀처럼
뿌리 깊은 우리 민족
역사 깊은 우리 민족이기에
기어이 통일 단비 내리고 나면
민족자주의 기상 나래치리니
민족 존엄의 꽃 만개하는
그날은 꼭 오리니
기어이 오고야 말 것이리니!

망초꽃

잃어버린 나라 찾아가 봤더니
집도, 사람도, 논밭도 사라지고
하얀 망초꽃만 가득 피었더라는
옛 시인의 한이 서린 망초꽃

다시 빼앗긴 나라 또 망초꽃 가득한데
그마저 장마에 쓰러지고 부러졌구나
나라 잃고 분단으로 신음하는
처량한 이 나라 백성들의 한 이런가

허나 쓰러져도 뿌리에 붙어만 있다면
기어이 꽃 피우고 씨를 맺어
수천 수백의 꽃씨 퍼트리는 망초꽃의 반격
순백의 흐드러진 저항의 꽃, 망초꽃

제비꽃

기어이 피어낸 제비꽃
저 당당한 기개!
작고 가녀리기에
더욱 아름다워라.

들꽃 풀밭

이른 봄 작은 제비꽃 재빨리 피고 지면
이어 민들레
다음은 씀바귀 고개 길죽히 내밀어
노오란 꽃 피워 홀씨 날리고
꺽다리 냉이도 깨알 같은 하얀 꽃 피워 올리네

한낱 들꽃도 저렇게 햇빛 노놔
어울려 사는데
서로 부족한 것 챙겨주고 아껴주며
왜 못 산다는 것인가, 사람인데!
반만년 우리 민족 그리 살아왔는데!
돼지풀 같은 약육강식 외세 풀씨 들어오더니
풀밭도 약육강식
세상살이도 각박해져만 가는구나

3부. 님을 따라

나 지금 당신으로 하여
더욱 넓어진 가슴 있으니
백두천지가 마를 그날까지
그대 사랑하련다

바람처럼 그렇게 만나리

서녘 밤하늘 산마루에
갸날피 돋는 초생달이
그리운 얼굴 방긋 미소로
환히 차오르면
내 님은 나를 찾아 오신다기에

밤이면 밤마다 바라보지만
가슴엔 허전한 갈바람만
더더욱 쌀랑히 스쳐갑니다

해가 지고 달이 뜰수록
그리움은 내 맘을 옥죄어오고
당신께 갈 수 없는 이내 신세에
한숨만 절로 깊어갑니다

만날 수 없는 신세라면
이 고통 그리움은 없을지니
차라리 기약이나 하지 말걸

잊었노라 생각하고 그저 있다가
바람처럼 불현듯 찾아와서는
반가움에 까무러쳐도 좋으리니

사랑이여 이제 약속의 편지도 없이
그저 이 얼어붙은 동토를 녹이는
봄바람처럼 소리 없이 불현듯이
찾아오시구려
소리 없이 바람처럼

님을 따라

사랑하게 되면 다 그리 되는가요.
님을 따르고만 싶어지는 이 마음
말투도
표정도
웃음도
손짓도 행동도 님과 똑같이 하고만 싶어집니다.
나도 몰래 절로 그리 됩니다.

사랑에 눈이 멀면 다 그리 되는가요.
님의 취향
님의 뜻
님의 의지와 신념까지
이 내 가슴 깊이 새기고만 싶어집니다.
그 누가 뭐라 해도 그리 하고만 싶어집니다.

그 누구도 님을 향한 이 끌림
막을 수 없습니다.
막으면 막을수록 마구마구
님을 향해 내달리는 이 내 마음
걷잡을 수 없습니다.

나도 어쩔 수 없는데
그 누가 막을 수 있을까요.

동백꽃 우리님

한 점 시들지 않고
선홍빛 꽃잎 그대로
떨어지는 동백꽃
아!
동백꽃처럼 가신 님

환한 미소
다정한 표정
이내 가슴 그대로인데
또다시 환한 미소로
다시 돌아와 반겨주실 것만 같은데

믿을래야 믿을 수 없고
보낼래야 보낼 수 없는
동백꽃 내 님
동백꽃처럼 떠나신 내 님

아니,

내 마음의 흙에 뿌리내려

애타는 그리움 줄기줄기 뻗어

붉디 붉은 동백꽃으로

만발한 동백꽃 내 님

세월도 그 빛 바래울 수 없고

죽음도 갈라놓을 수 없는

내 마음 깊은 곳

겨울 동백꽃으로

영원히 피어난

동백꽃 우리 님

모든 걸 다 맡길 수 있는 사람

내가 그대를 사랑하는 까닭은

그대가 능력이 있고
그대가 너무 아름답고
그대가 너무 멋있고
그대가 아주 조신하기 때문만은 아니랍니다.

그것은 눈빛 때문입니다.

나를 바라보는 그 눈빛이
그 어떤 눈빛보다,
뜨겁고
간절하고
애달프고
해맑고
영롱한 그 눈빛 때문입니다.

내가 그대와 결혼하게 된 까닭은
나 또한 그대를 똑같이 애달픈 눈빛으로 보고 있었기
때문입니다.

외로움을 너머
삶의 의미를 너머
우리는 하나가 될 운명!
모든 것을 다 믿고 맡길 수 있는 그대이기 때문입니다.

그 어떤 모진 바람이 불어온대도
그대의 눈빛
그리고 나의 눈빛
영원히 변치 않으리라 믿기 때문입니다.

믿음은 사람을 키웁니다.

그 믿음으로 키워갈 것입니다.
누구보다 멋있는 남편으로
누구보다 행복한 아내로!
내가 만들어 갈 것입니다.

행복

갑비싼 맛난 음식
배부른 것이 행복인가
좋은 집, 안락한 차
부러운 눈길이 행복인가
꺄르르 까꿍 아이 재롱에
웃음꽃 피는 가정이 행복인가
그래 그것도 행복이겠지

허나 비길 수 없어라
그 행복의 품인 조국
그 조국을 위해 일하는 행복

그 조국을 이상사회로 가꾸어 가는
참된 진보의 길
모두가 주인되는 인간해방의 길
그 길에 헌신하는 행복
비할 데 없어라

비바람 폭풍우 몰아치는 시련의 길
누구도 가보지 못한 전인미답의 길
그 길을 동지들과 어깨 걸고 함께 걷는
벅찬 행복
영원한 행복이어라
정녕 참된 행복이어라

바쁘다지만

바쁜 걸음 종종치는 그대여
가끔은 손을 놓고 멈춰서서
주위를 둘러봐요

스쳐가는 가을 바람이 실어다 준
옛 이야기도 귀기울여보고
노오란 단풍지는 가로수 은행잎도
한번 치어다 봐요

또는 주위의 벗들과 눈빛도
눈여겨보고 표정도 살펴봐요
혹 누구의 생일은 지나치지 않았는지요

그리고 주위의 모든 생명들이
나에 대해 뭐라 투덜거리지나 않는지
조심조심 귀 기울여봐요

아주 가끔씩은 휴식으로
간종그려 보는 작은 시간이
어쩌면 내일을 새로이 열어가는
새 삶의 열쇠이리니
더불어 살아가는 지혜이리니

사랑하는 그대여
바쁘지만 우리 여유있게 사람을
생각하며 살도록 해요

사랑

사랑받지 못하는 것도 불행이지만
사랑해주고 싶어도
해 줄 수 없을 때는
절망입니다.

사랑받는 것도 행복이지만
나의 사랑에
누군가 행복해 한다면
그건 존재의 의미입니다.

사랑 받는 것보다
사랑 주는 게
더 큰 기쁨인 존재는
사람뿐입니다.

그 사랑이

너와 나를 넘어

만인으로 확대될 때

가장 큰 기쁨이 되는 존재도

사람뿐입니다.

꽃

꽃은 피어야 아름답듯
사랑도 표현해야 감동

예쁜 꽃잎
달콤한 향기
꽃봉오리 가득 머금고
피우지 못한다면
하 많은 사랑
가슴 가득 품고만 있다면
그것이 습관이 되어
쑥스러워진다면
얼마나 아까운 일인가

사랑의 꽃밭

세상은 안락과 경쟁과 탐욕의 늪지대라 말하지만
이제는 의리도 희생도 사랑도 물 건너 갔다고
깡 쐬주잔 꺾는 친구여!
그런 값싼 실망 꿀꺽 삼키게
누가 뭐래도 난 사람들이 좋네

세상이 다 무너져도
친구여 우리는 떠 받드는 기둥이 되자!
그저 무조건 모두 퍼주자!

그러나 단 하나
기대하지는 말자
우리 시대에서 그 결실을
딸 수 있으리라 생각지도 말자
혹 그날이 온다 해도
바라지는 말자

내 마음의 적

기대하는 사랑

자식의 마음

일 많이 하는 부모님보다
건강한 부모님 소식 더 반가운 자식의 마음
소박한 작업복의 부모보다
멋진 옷에 온 동네에 내세우고픈 자식의 마음
발편잠에 환한 얼굴
건강한 모습의 부모님 뵙고픈 자식의 마음

이제 가난도 면했는데
부모님 편히 모시고픈 자식의 마음
이제껏 먹여주고 가르쳐주고 키워주시느라
단 하루도 마음 편히 쉰 적 없는 부모님께
넓고 좋은 집 중형 자동차에 값비싼 양복
맵시 떨치며 살면서
또 다시 부모님께 손 벌린다면 천하의 불효자

아!

부디 알아주소서

그 사랑 그 은혜 못 잊어

자식들은 오늘도 분초 아껴가며 일하고 있나니

믿어주소서

부모님 모시고 온 동네 보란 듯이

행복 넘친 집안 꾸릴 것이니

부디 이제는

편히 쉬시며

지켜봐 주시고 격려해 주소서

허나 서너 시간 아니

두 시간 자고 일하신다는 부모님 소식

삼복철 땡볕 더위에

땀으로 멱 감으시며

들판과 일터 뜨실 줄 모른다는 소식

억장 무너지는 자식의 마음

그 자식의 마음 아시면서도

오늘도 또 들에 나가시는

부모의 발걸음…

아, 막을 수는 없는 발걸음

어찌할 수 없는 자식의 걱정!

고등어 조림

아내의 퇴근시간이 오면
고등어 한 손 사다 묵은 김치 넣고 보글보글
또각또각
골목에 울리는 익숙한 구두소리
두근두근
높뛰는 이내 가슴 맥박소리

바빠서
된장찌개도 못 끓여 놓은 날은
구두소리에도
뛰지 못하는 이내 심장

사랑은 받는 것도 기쁨이지만
주는 사랑이 진짜 행복

나의 사랑으로
누군가 환한 미소 짓는다면
나와 함께 있어
그 발걸음이 행복으로 경쾌해질 수 있다면
아! 그것은 삶의 의미
심장 두근거리는 행복

하기에 세상에서 가장 행복한 이는
당연하지! 사회를 위해 일하는 사람
민족을 위해 만인의 행복한 세상 위해 일하는 사람
"혁명가"

4부. 나는 운동권이 아니었다

늘 배우려는 사람!
그는 머지않아
반드시 승리자가 됩니다

시인이 되자

시인이 되지 않고는 꿈을 꿀 수 없다
시가 좋다
시만 쓰면 배부른 시인이 되자
시인이 되자
화조월석 풍류나 읊조리는 한량이 아니라
외국시 흉내내다 종시 모를 언어 유희나 즐기지 말고

이 좌절과 절망의 땅에서
시인이 아니고 어떻게 희망을 노래할 수 있으랴
시인이 아니고서 어떻게 시대를 아파할 수 있으랴

저렇게 사람들은 이기적으로 보이는데
저렇게 돈의 힘은 무서워 보이는데
저렇게 미제는 포악해 보이는데
시인이 아니라면
돈 너머 있는
더 고운 인간의 속살을 어찌 볼수 있으랴
오 시인이 되자
이 세상 모든 사람이 행복해지는 날까지

동자꽃

환하디 환한 주황빛 동자꽃
깜찍 둥글 심장형 꽃잎 다섯장
어쩜 저리 따뜻해 보일까!

누구나 실수할 수 있다고
때론 잘못할 수도 있다고
따뜻한 심장만 식지 않음 된다고
늘 미소로 피어있는 동자꽃
가장 곁에 두고 싶은 동자꽃

외로웠던 나
그런 사람이고 싶어서!

듣기

난 왜!　말을 줄이지 못할까?

왜 듣다 말고 내 말만 쏟아낼까.
했던 말 또 하고 또 하고

갈마드는 후회감
머리 벅벅 긁으며 돌아오는 길
그제야 무거워지는 입

말 많아 좋은 적 한번 없건만
잘 들어 나쁜 판단 한번 없건만
불혹을 넘어서도 여전히
귀는 막히고 입만 살아

사람 얻을 꿈
세상 바꿀 꿈 어찌 꾸는가.

귀를 열자
듣자
충분히 듣자.

사실, 쉬운 일은 아니리
그래서 더 위력적인 필승의 길
명령과 대가로 움직이는 그들이야
따라할 수 없는 단결과 승리의 비결

그렇게 말 아닌 실천으로
감동 주고
사람 얻고
세상을 바꾸고 가꾸리.

독방

항일의 그날 선배 전사들
온 몸 피투성이로 들어와 몸을 눕혔을 독방

항미의 그날
형장으로 끌려가기 전날
기나긴 밤 지새우며 마음을 정리하고
승리의 미소 남겨두고 간 독방

독재타도 함성의 그날
온 몸 만신창이로 들어와
철창 밖 밤하늘 별을 우러러
두 주먹 불끈 쥐었을 전사들의 독방

하여 문을 열고 들어서기만 해도
절로 영혼이 맑아지는 독방

지난 삶을 총화하고 반성하고
혁신의 의지 다지고 건강 챙기며
분초를 아껴 책을 펴는 전사의 학교 독방

그리고 이제 끊임없이 벗들과 소통하며 실천하는
전사들의 새로운 사무실이 된 독방
가둔 자를 밖에 가두고 세상을 자유케 하는
또 하나의 전사의 초소 독방!

TV를 끄며

누구 하나 뭐라는 이 없는 옥방
먹고 싶은 대로 먹으면 똥돼지
자고 싶은대로 자면 나무늘보
흥밋거리 소설만 보면 좀벌레
TV 드라마에만 빠지면 앉은뱅이소

어쩌면 고문보다 무서운 것이
간질간질 욕망 자극일지 몰라

책을 봐도
밥을 먹어도
꿈을 꾸어도
민족의 운명 개척에 보탬이 되게
보람찬 생활 엮자고
저녁 먹자마자 이를 닦는다
뉴스 끝나자마자 TV를 끈다

그리고 역사책을 편다
만주밀림 항일투쟁사를!

접견실을 나서며

아크릴 너머 환한 아내의 미소
애달픈 그리움 빛나는 눈빛
갈수록 야위어가는 아내의 얼굴

아크릴 부여잡고 반겨 맞는 동지들
안쓰런 마음 어린 촉촉한 눈빛
올 때마다 거칠어지는 동지의 얼굴

남겨둔 일 하느라 고생하면서
옥독 조심하라 걱정하는 벗들
접견실 나서며 마음 굳게 다진다

벗들의 바람
민중의 염원
통일 그날을 위해
동지들이 떼 준 살점같은 시간
분초 아껴가며 뜻 깊게 보내리

진실

목에 칼이 들어와도
진실은 진실

살면 얼마나 산다고
부귀영화 누리면 얼마나 누린다고
양심을 저버리랴
진실을 외면하랴

양심!
그걸 버리는 순간
참다운 사람의 행복은 끝
끽해야
동물적 만족 뿐!

생각해보라

그대 외로운가
생각해보라
그대가 준 사랑을
누구에게 무엇을 주었는가!

지금껏 살면서 남을 위해
남는 것이 아닌
자신의 삶을 떼 준 적이 있는지를
자신의 피를 바친 적이 있는지를
아니 피는 아니더라도 손해 보며 무엇을 준 적이 있는지

자신의 내일을 위해 수 백 시간 수 천 시간
도서관과 사업장에서 바치면서
그 많은 불면의 밤
시기와 질투로 모대기면서
남을 위해
타인의 고통에 마음 아파
단 한 시간이라도 뒤척이며
잠 못 든 적이 있었는지를

시련

어린 시절
교과서만으로 낑낑거리며 숙제할 때면
참고서 펴 놓고 쓱싹 해치우는 친구들

'난 왜 부자집에서 태어나지 못했을까!'
원망했었다.

사실 제 머리로 어렵게 한 공부가
더 가치 있는데.

그렇게 어렵게 어머니가 사준
'완전정복' 참고서 '필승' 문제집 닳도록 보고
처음 사준 운동화가 너무 기뻐
품에 껴안고 자던 행복

가난했기에 작은 것에 행복했고
정이 소중했던 시절

대학시절
민주화와 반미자주 조국통일 외치다
경찰 폭력에 쓰러지고 끌려가고 구속되는 선배들

‘왜 우리나란 힘이 약해 당하고만 살아야 하나’
원망도 품었었다.

하여 애국심 강한 민족
세계에 없을 강대한 통일조국 꿈

숯도 지각 맞부딪치는 압력과 열을 받아 금강이 되듯
시련과 역경 이겨내야 보석같은 의지 빛난다.

시련
그것은 정녕 의지의 담금질
옥석을 가리는 기회

오라! 시련이여

나 바보처럼 살려오

이기지 못하면 잡아 먹히는 세상이라지만
나는 누구나의 봉이요 밥이 되고 싶소
이긴 자에게 따르는 수많은 찬사와 꽃다발
하나도 부럽지 않소
그런 건 티끌도 부럽지 않소
나 이미 알고 있소!
이긴다는 것이 얼마나 고독하다는 것을
나 이미 알고 있소!
만인의 행복을 진심으로 빌 수 있는
바보가 되는 길이 얼마나 어려운 지를
허나 이제는 아무래도 좋소
내가 바보가 되어
단 한 사람도 진실로 사랑할 줄 모르던 내가
인간에 대한 사랑이 뭔지 배웠으니
아! 이 엄청난 조국의 선물이여!
만인을 사랑할 마음 주셨으니!
아! 조국이여!
아! 혁명이여!

억만금 보다 소중한 조국의 선물이여
밤하늘의 초롱초롱 빛나는 저 별빛의 마음을
내 맘에 채웠으니
만인을 사랑할 마음 주셨으니
아!　조국이여
아!　혁명이여

나는 운동권이 아니었다.

사람들은 나보고 골수 운동권이라고 말하지만,
나는 기실 진짜 운동권이 못 되는 놈이다.
나는 남의 잘못을 보면 난리를 치고
남이 잘 되면 배 아팠지만
내가 아는 진짜배기 운동권들은
남의 고통을 보면 그 푸근한 얼굴에
슬픔이 내려앉고
남의 행복에는 화알짝 미소로 덥석
안아 줄줄 알았다.

나는 조그마한 비웃음에도, 충고나 비판에도
독재자에 대한 분노보다 더 무섭게 노려봤지만
내가 아는 진짜배기 운동권은
감정에 복받친 사소한 비판도 넙죽넙죽 받아 안고
고마워했다.
나는 운동을 멀리하고
운동이 뭔지 알지도 못하면서 비꼬는 사람에게
"니도 대학생이냐"고 덤볐지만
내가 아는 진짜배기는 그들을 위해 모든 것을 바쳤다.

학교식당 맛없는 반찬을 들고 식당 주인을 뻔질나게 찾아가고
전화박스에 줄서 있는 사람을 보면 마음 아파 장학과를 찾아가고
모든 시간을 오직 남의 행복을 위해 바쳤다.
새벽길 청소부 아저씨의 옆을 그저 스쳐 지나지 못하고
담배 한 대 권해 드리고
리어커에 종이 박스 폐품 찾는 할머니 고물상까지 끌어다 주고
손주 얘기, 도망간 며느리 얘기 다 들어주고서야
영양실조로 죽은 손주 얘기에
눈물 감춰 닦으며
분노로 이글거리는 눈빛으로 밤하늘을 우러르던 사람이었다.

사람들은 나보고 꽉 막혔다고 말하지만
그래 나는 꽉 막혔다.
이런 진짜배기 동지들을 보며
오로지 운동만이 가장 아름답다고
오로지 변혁만이 가장 인간적이라고
믿어 버렸기에
아직 진짜 운동권이 못되지만

진짜가 되기 위해
유혹하는 안락에
두눈 두귀 한코 한입 꽉 막고
묵묵히 앞길을 가련다.
거짓과 권모술수와
경쟁과 인격무시가 판치고
진실과 사랑이 정의와 따뜻한 정이 잔인하게 짓밟히는
이 세계 최후 분단국가를
끝장내기 위해서
하여 바보 같은 사람들이
사랑과 미소로 살 수 있는 세상을 위하여

동지

애국의 길에서만 만날 수 있는 동지
조국이 준 또 하나의 선물
든든한 행복

황금으로도 못 살 것 없다지만
사랑도 살 수 있다지만
억만금으로도 살 수 없는 단 하나
동지

동지애

한 뿌리에서 나온
우애보다 깊은
동지애!

가진 것 다 내주고도
생명마저 서슴없이 주는
동지애!

먼저 가더라도
사랑하는 모든 것 맡길 수 있기에
이루어야 할 꿈 대신 꽃 피울
동지이기에!

5부. 승리의 산 지리산

스쳐가는 길가에 들꽃 한송이
내 눈길 사로 잡는건
꽃송이 송이송이 웃고 있는
그대의 환한 미소가 있기
때문이랍니다

금강산보다도

하도 하도 높아서
사진기에도 다 들어오지 않는
상팔담 가는길
저 장쾌한 비봉폭포와 구룡폭포

'감히 누가 나를' 하며
거침없이 솟구쳐있는
만물상 가는길
저 날카롭고 도도한 기암괴석

내 조국이 이렇게나 아름답단 말인가
외국의 명산계곡에
웬지 주눅들었던
내 가슴 한구석 열등감
깨끗이 씻어버린
아! 금강산의 절경이여

허나 벗들아

친구들아

아름답고 웅혼하고 거침없는 저 금강산보다도

진정으로 이내 가슴 사무쳐 오는 것은

푸르름지켜 초록빛 고요한 계곡에

비닐 조각하나 떨어뜨리지 않고 고이 지켜온

북녘 동포들의 깨끗한 마음이었다.

널뛰기 줄넘기 우리의 것이라고

얕보았던 민족의 놀이

저렇듯 훌륭한 교예예술로 승화시킨

북녘 동포들의 민족사랑 그 마음이었다.

화학비료가 부족해

깡마른 옥수수 밭을 헤메어도

미국놈들 사탕은 먹지 않겠다는

그 민족적 자존심이 이내 가슴을 끓이었다.

자신들의 배고픔보다도
자주통일을 위해 싸우다
감옥에 끌려가는 남녘의 청년학생들 걱정에
희생당한 열사들 생각으로 하루하루
가슴을 치며 살아온 동포들의 그 사랑이
아 지금도 이내 가슴 후덥게 한다.

방울나무

번화한 도심 개선장군 플라타너스
여름엔 시원한 그늘
겨울에 미끈한 몸매
까치둥지에 직박구리 쉼터
가로수의 왕 플라타너스

남녘 이름은 양버즘나무
껍질 버즘피부처럼 벗겨진다고 버즘나무
잘 살수록 옛 시절 잊지 말라는
도심 번화가 가로수 양버즘나무

북녘 이름은 방울나무
방울방울 맺힌 열매
방울 같다고 방울나무
어쩜 이런 예쁜 이름 있을까
착한 동포의 마음 오롯한 방울나무

어서 통일 이루어
양버즘나무 저 왕성한 기세
세계로 뻗어가자.
방울방울 행복 열매
주렁주렁 열릴 통일
어서 가자 열렬히 손짓하며 부르는
방울나무

승리의 산, 지리산

저항의 산
항쟁의 산
아!
반란의 산 지리산!

외세 침략에
탐관오리 학정에
분연히 떨쳐 일어선 전사들
어디서든 타고 오르라고
골골이 뻗어 내린
저 산맥 줄기 줄기여

저 지리산
원뿔처럼 흔들림없는 구상나무
푸르고 곧은 지조 잃지 말라고

저 지리산
맑디 맑은 꽃분홍 철쭉
깨끗한 붉은 단심 잃지 말라고

저 지리산
칼바람에 벼린 억새꽃 칼톱잎
세상 악의 무리 싹뚝싹뚝 썰어버리라고

하여
저 지리산의 늑대처럼
영활 민첩하게 육박하여
저 지리산의 갈범처럼 용감하게 싸워 이겨
승리의 진군가 드높이 돌아가자고
구수한 시레기국 보글거리는
행복의 마을로 돌아가자고

어제도 오늘도 조금도 변함없이
줄기줄기 남도 골골 뻗어내린
지리산!

한의 산
반항의 산
투쟁의 산
지리산!

만백성의 염원
수수천년 품고 품어
서슬 퍼런 칼을 갈고 갈아
이를 악물고 버텨온 지리산!
온 능선 골짜기 피투성이로 싸워온 지리산!

이제 때가 왔다.
그 지난한 투쟁
마침표 찍을 때가 드디어 왔다.

그 염원 기어이 풀어
더는 지리산 능선에
전사의 더운 피 흩뿌리지 않으리니

후대들 웃음꽃 함박꽃마냥 향그럽게 피어나리니
그 승리의 만세 소리
아련히 들려오기 시작했다.

다시는 광야에서
탐관오리란 말을 입에 올리지도 못하게,
다시는 우리 역사책에
외세 침략과 약탈이란 말 영영 쓰지 않아도 되게,
그 최후 승리의 그날!
성큼 성큼 다가오고 있다.

그 승리 확신하였기에
관군 칼에 난자당한 그 뜨거운 피 뿌리면서도
미제 기관총탄에 사지가 꺾여 쓰러져 갈 때도
전사들 태양 우러러 미소 가득 눈을 감았다.

그 미소

그 박동

다시 환희의 만세로 되살아 날 최후 승리,

영원한 승리!

아!

지리산이여

오늘 다시 투쟁의 봉화 불타는 지리산이여.

그 모든 전사들의 염원 모아

총진군 앞으로 산맥쳐 내달리자

노도쳐 쓸어버리자

하여,

민족도 동족도 안중에 없고

오직 부귀영화, 쾌락과 물욕, 권력욕에 환장한

사대매국 무리들

제 것도 다 못 먹어 썩혀 버리면서도

남의 것만 보면 무조건 빼앗고 싶어 미쳐버린
저 외세야수들
이 성스런 조국강토에서
이제는 영영 없애버릴 최후 승리,
그 마침표 기어이 찍자!

왜 지리산은
첩첩산맥인가,
혼자서는 안 된다는 것,
저 굳건한 산맥처럼 함께 어깨걸고 싸워야 이긴다는 것,

촛불 횃불 모두 밝혀들고
외세만 믿고 청와대에서 거들먹거리는
저 환장한 사대매국들 쓸어버리고
자주의 기상 넘치는 빛나는 아침의 나라
만백성이 주인이 될 따뜻한 통일 조국
기어이 열어 나가자

아!

지리산

수수천년 한을 품어온 지리산

골속골속 염원 키워온 지리산

승리의 벅찬 가슴 안고

다시 오를 그날을 위해

모든 걸 다 걸고 싸우자

마지막 반 외세 항쟁의 전장에서

여한없이

후회없이

온 몸

온 마음 다 던지자!

우리 민족
세상의 희망, 인류의 등대이어라

1.

가도가도 허허벌판
다른나라 들녘보니
어디나 산이 솟고
맑은 계곡 흐르는
내 나라 이 산하가
눈 시리도록 아름다운 줄
새삼 느꼈어라

산과 강과 들과 바다
어우러진
내 나라 이 산하가
세상에서 제일임을
조국을 떠나 보고서야
아,
절실히 깨달았어라.

제주의 백리향 감귤에서
백두의 들쭉까지
못 키울 과일 없고
오곡백과 무엇이든
심으면 가장 좋은 곡식
최고로 달콤한 과일

봄이면 개나리 진달래 살구꽃
남녘에서 북녘으로
꽃파도로 일렁이고
여름이면
작열하는 붉은 태양
오곡백과 단물 함뿍 들고
가을이면
만산 단풍에
갈꽃 억새꽃 별 희한한 경치
명승지도 많아라.
겨울이면 온 천지
눈꽃피워 만발할 때

뜨끈한 구들방
구수한 고구마 굽는 냄새
가족들, 친구들, 연인들
집집마다 도란도란 얘기소리
깔깔 웃음소리

2.
아!
내 나라 맑은 산하 닮아
착하고 깨끗한 사람들

아이들은
할머니 심청전 얘기에
효심새기는 눈빛 빛내이고
손끝 물 발라 찰밥 집어 먹으며
찰떡궁 찰떡궁 길쌈하던
콩쥐 지혜
히야, 감탄하며

망쪼든 팥쥐에
“아이구 잘코사니야! ”
권선징악
가슴새겨 자라나고
소년들은
남장여장부 설죽화,
을지문덕, 강감찬, 이순신
명장 위인전에 애국의 의지도
굳세어라.

하여
사무라이 일제 백만 관동군에게
백전백승 무리 죽음 안긴
전설적 백두밀림 항일전사들
그 위훈 가슴 새긴 청년들이
민족의 운명
시대의 운전대
억세게 틀어쥐고

거침없이 세계로 뻗어나가는
새세기 우리 민족의 전진!
그 누가 막으랴!

3.
감히 침략과 약탈
악명 떨치던 제국주의 무리들
막아 나서겠다고!
땅이 크고 돈이 많다 뻐기던
대국들 또다시
인류를 이끌겠다고

너희에게 인류 미래 향도할
정신 있는가.
세계 모든 민족과 더불어
함께 할 문화 있는가.
침략과 약탈로 점철된
지배의 역사 속에서

어찌, 그런 사상
그런 이념
그런 아름다운 문화
싹틀 수 있으랴!

단 한번도 이웃나라
침략한 적 없는 우리 민족

저 먼 옛조선 노예주들 폭압에
아내와 가족 지켜 싸우다
백수광부가 된 남편에게
끝까지 의리 다한 여인의 노래
"공무도하가" 민족이 우리 민족

호강시켜 준다는 왕의 유혹
서슴없이 걷어차고
눈 먼 남편찾아
유랑의 길 마다치 않은

백제 도미의 아내가
우리 민족 여인

대문을 열어 두어도
도둑이 없던
제주 정랑 민족이
바로 우리 민족이다.

그 의리의 민족
믿음과 사랑의 반만년 역사!
감히,
시기와 질투, 배신과 전쟁으로 얼룩진 신화가
인간 본연의 욕망이라며
약육강식, 동물적 욕망
당연시하는 무리들
그 침략과 약탈로 점철된
제국주의자들,
대국주의자들이 또 다시……

4.

아니될 말이다.
예전엔
힘이 약해, 군사력이 약해
우리 민족의 그 뛰어난 지혜
아름다운 사상문화도
짓밟혀 꽃피우지 못했지만
이제
어제의 그 약소민족 아니다.

오가는 발길 수레바퀴
짓밟히는 길섶들꽃
그 뿌리가 깊고 질기듯
주변 대국 틈에서
온갖 간섭과 침략 당해 온
우리 민족
그 한 깊은 자주의 뿌리
밟힐수록 깊어졌고

뜯길수록 굵어져온
민족자존의 뿌리

그 보이지 않는 빙산 아래 같은 뿌리
파도 파도 끝을 볼 수 없는 그 뿌리
지혜의 뿌리
애국심의 뿌리
사랑의 뿌리
첩첩이 쌓아온
그 한의 뿌리가
폭발하던 지난 100여년을
보라!

우리 민족은 이제
화승총에 도포자락 날리던
그런 민족이 아니다
남녘은 자동차, 반도체로
세계를 석권하고

북은 인공위성도 자력으로
척척 쏘아올리며
휘날리는 강국의 기상

이런 남과 북
손 맞잡고
우리민족끼리
힘 합치기만 하면
무엇이 두려우랴!
누가 대적할 수 있으랴!

5.
지긋지긋한 사대주의도
피눈물 나는 가진 자들의 천대와 멸시도
속고 속이고
배신하고 배반당하는
약육강식,
저주스런 황금만능, 개인이기주의

신성한 이 땅에서
영영 가셔버리고

찬란한 어울림의 문화
그 도타운 인정문화
되살릴 것이니
사람이 사람을 믿고
어려운 이 누구나 돕고
그렇게 아름다운 나라
따뜻한 사회 위해
모든 것 다 바쳐
누구나 열심히 일하는
아름다운 공동체의 나라
모든 것이 풍요로운 나라
모두가 주인인 나라
그 주인들의 일심단결로 강대한 나라
꼭 우리 앞에 펼쳐지리니,
온 세상으로

꽃파도처럼

퍼져가리니

아!

우리 민족

세상의 희망!

인류의 등대이어라!

진달래 어머니

작은 나무 진달래
거대한 교목 아래 양지바른 남녘 등성이보다
응달진 북녘 등성이나 골짜기 바위틈에
더 잘 뿌리내리는 진달래처럼

그 작은 몸으로
조직의 임무라면 어디든 달려가
기어이 달려가
뿌리로 뿌리로 뻗어가
어디든 꽃을 피우는 진달래처럼

늘 응달진 그늘에서 자라기에
햇님이 더욱 그리워
한 오리 햇살 그리 소중해
아, 정녕 당신이 그 햇살전사 되어
환하게 피어난 진달래 어머니

햇님을 어떻게 우러러야
가장 찬란한 진달래꽃 피우는지
그 맑은 꽃잎
그 고운 꽃빛으로
깨우쳐주고 가신 진달래 어머니

어머니!
이 겨울 지나고 나면
온 산
온 들녘에
찬란한 진달래꽃 흐드러지게 피어날 것이니

어머니
그 진달래 미소로 꼬옥 지켜보소서!

아, 어머니
진달래 우리 어머니!

고향도 부모형제 떠나니 그리움 식어가지만
끊임없이 후배들이 자라나고 뒤를 이어가는 고대농악대!
너는 정녕 우리들의 영원한 고향이어라!

접견실 풍경1

서울구치소 접견 담당 늘 유머 넘치는 김해 교도관 아제 왈
《아무리 무서븐 어깨도
여~만 들어오면 마누라한테 꼼짝도 몬 한다 아이가》

"비가 오나 눈이 오나 바람이 부나
여 있으믄 걱정할게 뭐 있노, 을매나 좋노! "
"니는 남편한테 우째…"
"하이고마, 니~가 남편이가, 니는 원수다 원수!
날이면 날마다 누버서 텔레비전이나 보믄서 꼬박꼬박
갖다주는 밥 묵고 편히 산께네 막 살이 통통 오르제,
니 마누라는 알라들 키운다꼬 쎄가 빠지는데,
니는 마 을매나 편하노! "
"…(긁적긁적)…"

《마, 전부 이런다 아이가.
남편들 여만 들어오믄 마누라한테 꼼짝도 몬한다》

남편 교도소 오며 대부분 도장 찍을까 걱정했는데 아니었다.
깜방 사물함 제일 좋은 자리엔 늘 가족사진들,
접견실에서는 사랑 가득한 아내의 구박
오늘도 김해 교도관 아제의 코끝이 찡하다!

접견실 풍경2

서울구치소 접견 담당 교도관
반백의 김해 아제
미스코리아 울고 갈 날씬 몸매
툭툭 던지는 한마디 마디마다
정과 유머 넘치는 김해 아제
짜투리 시간에도 늘
책을 손에 들고 보는 김해 아제
먹던 간식 과자 몇 개
손에 쥐어 주며
“무라”

언젠가 김해 아제 긴 한숨 내쉬며 하는 말
“큰 일 아이가
옛날엔 가족들 접견 와서
‘이놈아, 저 놈아 와 그런 못된 짓 했노’
케싸면서 그래 가슴 아파 했는데
요즘은 한 개도 없다 아이가
아무리 나쁜 짓 해도

뭐라 카는 가족 없데이
인간성이 다 죽어 삔 기라마
이 이를 우짜면 좋노”

그 한숨에 어려 있는
21세기 자본주의 첨단 정보화시대의
검은 그림자

유머 넘치는
김해 아제 얼굴엔 요즘
점점 주름이 깊어간다

6부. 절벽 억새꽃

...산책을 하다 눈에 띄는 것 곱다고 느껴지는 것 특이하게 생각되는 풍경 등은 다 그 이유가 있단다.

세심한 관찰로 그걸 잘 찾아 마음속에 또 머릿속에 갈무리 해두면 훗날 다 쓸모가 있단다...

질경이

꽃은 전혀 화려하지 않아도
알알이 오돌진 하 많은 작은 씨
조국 산야 어디든 뿌리내려
우마차 바퀴 밟혀도 되살아나
토끼, 염소, 황소 맛난 먹이
씨껍질은 몸에 좋은 차전자
보들보들 새순은 향긋한 봄나물

어디서든 찾기 쉬운 백성의 들풀 질경이
신실한 민중의 벗으로 살려거든
매마른 도로 가 질경이 뿌리
한 번 캐 볼 일이다.

그 단단한 땅에서
고 작은 게, 뿌리가 얼마나 깊은지
어찌하여 백성의 들풀 되었는지

강아지풀

강아지풀 꽃을 따서
손바닥에 놓고 살살 흔들면
꼬리치며 반기는 강아지처럼
손목까지 반갑다 따라온다
강아지풀!
어쩜,
그 이름 그리 잘 어울릴까!
누가 이 흔한 들풀에도
이렇듯 예쁜 이름 지었을까
그야 우리 조상들이지
'고시레'
새참 한 술도 논에 먼저 주었던
조선민족이지

자귀나무

아카시아, 수수꽃다리 꽃향기는 알아도
자귀나무 꽃향기 향그러운 줄
아는 이 드물어라

강렬하고 자극적이지 못해서일까
은은 달콤한 그 향기
쟈스민 못지않거늘
사람들은 잘 몰라라

공해에도 강하고
척박한 땅에서도 잘 자라
도심 곳곳 어디서나 흔한
콩과식물 자귀나무

그 향기 한 번 맡으면
스스로 돌아서 다시 맡게 된다 하여
자귀나무라 했는가
그윽한 그 향기
곁에 두고도 사람들은 몰라라

자귀나무처럼
향기 그윽한 이 곁에 두고도
사람들은 몰라라
그저 멀리 이름 난 향기 좇아다니면서
진짜가 바로 곁에 있는 줄은
미처 몰라라!

잔디

어떤 풀보다 딱딱한 땅줄기
짐승 이빨도 감히 뜯지 못하는 억센 잎새

허나
누구에게나 더 없이 폭신폭신한 잔디
밟고, 눕고, 뭉개도 다 받아주고
품어주는 잔디

왜 강자의 품은 넓은지
진정한 강자의 여유
어디에서 나오는지 알려거든

보라
잔디를
그 억센 잎새
그 거침없이 뻗어가는 땅줄기를

어머니와 생일

어머니의 아들 걱정
하도 사무쳐
'어머니' 말만 들어도
뜨거워지는 눈굽
'고향' 말만 들어도
먹먹해지는 가슴

"결혼했으니 그 놈의
이제 통일운동 좀 그만 해라,
니 이쁜 딸 키우려면...
사업도 시작했으니...
이제는 제발"

용돈도 드리고
여행을 보내드려도
기뻐하시기보다 더 걱정만
걱정만 하던 어머니

10여년 간암투병
병원에서 이젠 수술도 어렵다고 하던
그 때부터 걱정의 말도 더는 하지 않았다.

오래 서 있기도 힘든 몸
개수대에 한 팔 짚고서라도
손수 꼭 밥을 차려주시고
마흔 넷 아들 생일날
아이스크림 케익까지 사 와
꼬깔 쓰고 그렇게 환한 미소
손주, 며느리와 함께
조용히 불러 주시던 생일축하 노래

그리고 얼마 후
어머닌 영영 아들 곁을 떠나셨다
대학 입학 때부터 25년
아들 걱정만
걱정만 하시던 어머니

마지막엔

그 걱정마저 싸안고

그렇게 환한 미소만

남기고 가셨다. 아버지 곁으로 가셨다.

아!　어머니

아버지 사랑

“셋째 통일운동 그만두기 전에는
내 제사도 지내지 말어라”

말기 폐암 선고 받고도
담배 피워 무시고 어머니께 하였다는
아버지의 유언

하지만 아버진
셋째와 생의 마지막
유달산 개나리 꽃구경 가는 차안에서
평생 농사일 거쿨진 손으로
안주머니 깊이 30만원 꺼내
셋째 주머니에 넣어 주었다.

“너는 항상 주머니에 용돈도 없더라,
글고 통일운동 좀 그만해야!
또 감옥가고 싶어 그러냐”

6.25참전 용사로 숱한 죽음
목격한 아버지,
고향 영산강가
보도연맹 수백 명 빨갱이로 몰려 학살되었던
몸서리쳐지는 기억
아들 얼굴에 겹쳐
그렇게 애를 태우던 아버지

"니가 했던 그런 말 하던 사람들
그때도 이 강가에서 다 죽었어야"

무엇이 정의인지 알면서도
그 악몽의 기억에
아들 걱정만 가득 품고
영영 떠나신 아버지

그리고 이제 중년의 셋째는
아버지 제사를 다시 옥중에서 맞이하며

더 없이 순박했던 아버지 생각에
눈굽이 뜨거워진다.
가슴이 먹먹해진다.
괜히 주머니를 매만지고만 있다.

그리고 창살너머 손바닥만한 하늘 우러러
맹세 다진다.
아버지의 사랑 헛되지 않게 하겠다고
기어이 조국의 통일 이루고야 말리라고

영원한 마음의 고향, 고대농악대

수없이 날아오는 동창회와 만남의 문자메시지
유독 내 가슴 뛰게 하는 문자, 고대농악대 단오제!

깨복쟁이 초등학교 동창회도 반갑고
대학교 학과 동창회, 고교동창회도 반갑기는 하지만
고대농악대!　너만큼은 아니어라.

누가 내 가슴에
이렇게 반가운 이름 새겨놓았나.
세월이 흘러 고향산천 정겨움도 아련해지는데
고/ 대/ 농/ 악/ 대!
그 그리움은 더해만 가는가!

어찌 그러지 않으리!
내 태어나 처음으로 혈육이 아닌 사람의 따뜻한 밥 먹어본 곳
선배란 규율잡고 딱지 빼앗아가는 존재가 아니라
후배들 따뜻하게 이끌어주는 친근한 벗임을 알게 해준 곳

민중의 힘,
민족의 소중함 이내 가슴에 심어주고
이 세상에서 가장 뜨거운 사랑,
동지애가 무엇인지 어렴풋이나마 느끼게 해준 곳

그리하여
여전히 삶에 지쳐 힘들 때면 네가 그립고
선배들, 후배들, 동기들 만나면
나도 몰래 마음의 고민 털어 놓게 되는
고대농악대!
그래 너는 정녕 내 마음의 고향이어라!

제2의 탄생, 나의 정신 태어나고
참된 삶이 무엇인지 깨달았나니
고대농악대
너는 어쩌면 고향보다도 더한 내 마음의 고향이어라!

뿌리

보이지 않는 곳에서
물과 양분을 찾아
끝없이 뻗어가는 뿌리
겨울 동토도 이겨내고
틈을 비집고 들어가
바위도 깨뜨리며
아래로 옆으로 뻗어만가는
뿌리!

찬란한 햇님의 봄날
백화 만발하여
손잡은 연인들,
해맑은 아이들, 새와 벌과 나비
꽃밭가득 날아옐 때도

보는 이도
찾는 이도 없는 암흑의 흙 속
묵묵히 물과 양분을 찾아
젖과 꿀을 만들어 올리는
뿌리!

절벽 억새꽃

누군가는 뿌리내려야 할 절벽

틈마다 서리서리
바위 움켜쥔 뿌리
모진 바람
춤추듯 타고 넘는 잎줄기

꽃도
억새꽃도
절벽 억새꽃이
사무치어라

절벽에 산다는 건
강하다는 것
이미 이겼다는 의미

씨앗도

억새꽃 씨앗도

절벽 억새꽃 홀씨가

멀리 날아라

아!

바람따라

한들거리는

저 절벽 억새꽃의 여유

꽃도

억새꽃도

절벽 억새꽃이

당당하여라

씀바귀

농사꾼 아버진 씀바귀를 싸랑부리라 불렀다.

"요 싸랑부리가 토끼가 제일 좋아하는 풀이여,
긍게 토끼 쌀밥이제"

잎과 뿌리 달쌉쓰름
입맛 돋구는 씀바귀 나물

강력 항암성분까지 발견되고
면역력까지 높여주는 1등 나물 씀바귀

아무리 척박한 땅속도 사방팔방
뿌리 쭉쭉 뻗어 싹 틔워 올리고
공중으론 홀씨 가득 날려
땅굴작전, 공수작전 양동작전
어느 땅이건 싹을 틔우는 생명력의 씀바귀

하여 토끼풀 뜯는 아이
나물캐는 누이, 어머니 바구니
언제 어디서나 가득 채워주어
더없이 소중한 들풀 씀바귀

어머니

새봄 대지에 만발한 들꽃들
제비꽃, 민들레, 냉이, 꽃다지
그 고운 꽃 피우기 위해
어두운 흙 속 뻗어가는 뿌리
땡볕에도 너실대는 잎사귀

피어날 작고 귀여운 꽃 생각에
힘들어도 힘든 줄 모르고
비바람 폭풍우도 이겨내는

아, 들풀 같은 어머니!
조선의 어머니!

쑥

새순 하나 따면
세 개 네 개 새순 돋아
쑥쑥 잘도 자라는 쑥

딸 테면 더 따보라며
고개 빠빳하게 들고
더 높이 쑥쑥 자라나는 쑥

새순 딸 때마다
하나가 열이 되고 백이 되어
온 통 덮어버리는 겁 없는 쑥!

이내 작은 가슴은 타오르고
이제 주먹엔 힘이 들어갑니다.

영산강은 여전히 흘러만 가고
황혼은 사무치게 타오릅니다.

불효자식

세상 천지에 이다지도
애닯은 간청이 또 있으리오

이놈아! 니가 사람이면 애미 뱃속에 들어와 봐라
가심 간장이 시커멓게 다 탔을 것이다.

말을 찾지 못해 한참이나 뜸을 들이시더니
허기진 한숨 내 가슴 무너져 내립니다.

그래도 대답이 없자!

"어째서 군대도 안 가고 이 애미 속을
이렇게 콱 콱 조사부냐
내가 어서 니 앞에서 죽어부러야 쓰것다.
어이고 자식 말만 해도
입에 쓴물이 나온다야, 쓴물이"

엄마 내가 왜 엄마 마음 모르겠어요
알면 뭐해
니가 사람이냐 이놈아
니 애미 이렇게 죽으면 느그들 잘될 줄 알어

그렇게 한참 목소리 높이시더니
어린애처럼 꺼이꺼이 우십니다.

어이고 내가 어떻게 키웠는데
니 아비 머슴 살고 나 혼자
좁쌀밥도 아까워 죽 쑤어 묵고…
삯바느질, 남의 집 일…
느그들 어떻게 키웠는데…

시째야 싯째야 글안해도
니 엄마 오래 못살아야
간염이 도져갖고 오래 못산께
마지막 소원이다 응!

그렇게 울다 지치면
어린애마냥 조르십니다.

갈 거지, 휴학계 내고 군대 갈 거지,
영장 나오면 도망 안 갈 거지
……

어째 대답이 없냐!
시째야
시째야 응
대답 좀 해라,
대답 좀!
제발 좀
……

워-매 뭔 일로 이렇게나
애미 속을 몰라 주끄나
뭔 일로

예!

이 한 마디면
얼마나 좋아하실 텐데
어이해 혀 끝에서 뱅뱅 도는 그 한 마디
나는 할 수 없는 걸까?
내가 진정 불효자식이어서일까!

어머니는 가슴 풀고 넋 놓아
눈물 콧물 흘리시는데
아들은 분노만이 가슴에
서리서리 비수로 날이 서는 것은
아! 내가 진정 불효자식이어서일까!

바보 과대표

우리학교 1학년에 바보 과대표가 한명 있다
술만 먹으면 개가 되고
밍맹몽, 007빵 무얼 하더라도 진짠지 가짠지
야튼 맨날 걸려 얻어맞으며 헤헤 웃고
벌주 발칵발칵 마시며 배꼽 뚜딜겨
뽕짝 걸판지게 뽑아대는 천하에 바보가 있다

항상 그 바보 곁에는 사람들이 드글거리고
그의 수첩에는 120명 동기 이름 모두 적혀 있다
누구누구와 언제 만났고
누구의 고민은 무엇이고
누구와는 아직 얘기 못해보았느니
멋있는 싯구 하나 없지만 그런 것들이 잔뜩 쓰여 있다

수업에 안 들어오는 애들 리포트 알려주고
시험 때는 쏘스(자료) 제비 벌레 물듯 물어와 노놔주고

역사 연구반이니, 사회 과학 연구반이니
소수의 의식화를 위한 것보다
바둑반이니 농구반이니
그런 모임을 만들어 120명 모두를
함께 하는 고민으로 자기 과 소모임에 참여시켰다

일기장에는 자신의 참된 삶의 문제
누구보다 겸허하게 치열하게 고민하였으며
개인의 안락에는 추호의 타협이 없었으며
항상 5시간 수면을 철저히 지킬 것을 강제했고
서재에는 항일 무장 투쟁사가 손때 묻어 간직되어 있었다.

그날
자기 과 친구들에게는 아직 이르다며 본대에 있으라 하고
아스팔트 하이바에 우리 선배 전투조들 떨고 있을 때
익살스런 춤 "간다 간다 뿅간다"
신명나게 두려움 누그려 주고
전투대장의 진격의 나팔 우렁차게 울리니
그는 누구보다 최전선에서 정확하게 꽃병을 꽂았다

드디어 놈들의 사나운 이빨 으르렁거리며 덤벼들 때
한 친구 전사는 미끄러지고
모두 안타까이 돌아섰을 때
그 바보 전사는 바보처럼 의연히 달려 나갔다.

다음날 한겨레 신문에 조그맣게 바보이야기가 실렸다
고대에서 2명이 화염병으로 잡혀오고 100명이나 친구들이
성북서 항의방문을 했다고 바보를 풀어달라고 울부짖었다고
총학생회장님이 잡혀가도 그런 일이 없었는데

그리고 다음날 교문과 식당에서는
바보의 바보 같은 친구들을 누구나 만났다
그들의 손에는 당구 큐대가 아니라,
볼펜이 아니라 오락실 운전대도 아닌
규탄 성명서가 들려 있었다.

그리고 며칠 지난 뒤 학생의 날 가두 전투조 사전모임에서
한 1학년 학우의 결의 발표가 나의 심장을 쳤다

고추

아버님은 항상
어머니 정성 담긴 고추장에
갓따온 풋고추 푹푹 찍어 후후 불어 가시며
"아따 매운거 우리 고추 조오타."
맛나게 점심을 드시지요

닷새에 한 번 꼴로 뿌린
희끗 희끗 농약 묻은 고추

나는 촌놈이라 알지요
우리나라 어디라도 오 일에 한번
미국 원료 미국 기술 그 농약
세 가지 네 가지 섞어쓰지 않고
고추 농사 지을 수 없다는 것을요
그놈에 진딧물, 탄저병 땜시

하지만 농사꾼 울 아부지의 공해와
자본가들 그것과 다른 것은
그들은 페놀 방류해 놓고 생수 사 먹지만
아버진 농약 뿌린 고추를 맛나게 드신다는 것

백골단만 보면 우째 오짐이

우째 이럴까
나오기 전에 똥오줌 다 빼고 나왔는디
우째 백골단만 보면은
오줌소태가 나서 찔끔따끔
다방 화장실 잠깐 실례 아무리 힘을 주어도
주루룩 한 방 떨구고 나면 더더욱 찝질해지고
암만해도 직업병이시

그래도 진격의 호루라기 하얀장갑 동이 뜨면
보도블럭 팍팍 두들겨 깨고
뱃심 좋게 팽팽 띵기다 보면
최루탄 터져 눈물 찔끔 얼굴 화끈
분노가 탱탱 끓어오르고
직업병에는 더없는 특효약이지

옆구리에 짱돌이라도 튕겨나가면
오기가 절로 충천 힘이 솟구치고
동지가 쓰러지기라도 하면
두 눈에 쌍심지 팍팍 서서
하루종일 끄떡없지요

서시

씻으리
정히 씻으리
속된 마음
비겁한 심장 정히 씻으리!

던지리
후여 던지리
욕된 목숨
천한 삶을 후여 던지리!

그리하여
내 한 점 살점도
다아 바치고
그뉘 알아주지 않아도!

남기리
하나 남겨 백골이 되어도
지하에서도 영광으로 춤추리니

조국아! 미치도록 그리운

아! 자주통일 조국아!

져주자!

살뛰기는 경쟁사회 피끓는 청년으로
팔씨름 족구 조그마한 것에서도
패배를 인정한다는 것은 수치스러우리

하지만 우리 져주며 살자
내가 져주어 조그마한 것에서
동료들 힘이 된다면
똥볼에 엉덩이 불타는 벌칙에도
우리 져주며 살자
지고나서도 너그러이 웃어
잘했다고 칭찬 많이 많이 해주자

져주고 바보 같더라도
모두에게 편한 사람이 되는 것
그렇게 평생을 돈을 모으는 수전노가 아니라
평생을 사람을 모으는 애국자 되자!

10분 사랑

간절한 내 마음 아는지
동료들 그녀 학교에 약속 잡았네
회의 끝나고 또 다른 약속 나오는 길
바쁜 그녀 잠깐 보았네

바래다 주는 정류장까지
10분거리 10분 사랑
한마디로 일주일을 얘기하고
그녀가 사준 예쁜 옷
가면서 입고 폼도 잡고
써온 시도 가면서 읽어주구요
오가는 사람 부딪쳐 짜증도 나지만
또 다른 약속시간 가까워 오고
10분거리 왜 이리 짧노

벌써 교문이 지나가고 떡볶기집도 지나갔네
마지막 꽃집은 안타까움 지나치지 못해
장미 한 송이 800원 그녀 코 끝에 피어
장미 두 송이 환하게 웃네

씨앗

비바람 폭풍우
목마른 땡볕
기어이 이겨낸 것은
화려한 꽃이 아니라
결국은 씨앗
멀리멀리 날려 보낼
씨앗을 맺기 위한 것

씀바귀 홀씨

귀여운 씀바귀
꽃은 금방 지지만
홀씨는 남아
멀리 멀리 퍼지리

들꽃 1

봄 햇살에 너실너실 커가던 잎사귀
모든 양분 다 주어
꽃대궁 세우고 쪼그라진다.

환한 들꽃 피고 열매 맺으면
잎줄기와 꽃대궁도
바로 시들어 가스라진다.

이미 모든 걸 씨앗에 주었으니
더는 아쉬움도 욕심도 없이
거름되어 흙으로 돌아가는 꽃
들꽃!

들꽃 2

거목 쓰러트리는 거센 바람
가녀린 들꽃 줄기 꺾지 못하네
유연하기에
질기기에

피어도
피어도
무더기로 피어
서로 잡아주고
막아주는 들꽃
꺾을 바람 어디 있으랴

들꽃 3

꽃도
이름 없는 들꽃도
내 나라 내 땅 꽃이
제일 고와라

들꽃 4

시련이여 오라
한 송이 꽃도
비바람 이겨
아름답거늘
어찌 내 너를
두려워하라!

들꽃 5

냉이, 꽃다지, 질경이

꽃은

깨알처럼 작아도

열매만은

차돌처럼 야물딱진

들꽃!

들꽃 6

빙하기에도
그 뿌리
그 작은 씨앗
살아 남아
기어이
지구 뒤덮은
들꽃!
이까짓 겨울이
감히 어디

7부. 바보 과대표와 10분 사랑

나를 알아주는 정겨운 벗들로 하여
누구나의 가슴마다
비워 둔 벗에 대한
그리움을 알기에
행복하다네
벗들로하여
그저 행복 하나네

영산강의 황혼

하얀 백로 넋인 듯 물결 위 날고
발 밑 거품으로 부서지는 물결이랑
갈꽃 무성한 영산강 하구
바알간 황혼이 눈부시게 타오르면
서늘한 아버지의 옛 이야기
잔잔히 물결져 일렁입니다.

뼈아픈 전란의 그 시기
말 잘하고 똑똑한 사람들이야
이유도 없이 트럭에 실려와
여기 비명도 없이 묻혔답니다.

영산강은 말없이 흘러가지만
눈 감고 강심에 귀 기울이면
아우성으로 피어나는 총소리
튕겨나는 미국산 탄환 껍질

이제는 알 것도 같습니다.
어이해 황혼 비낀 강물 붉게 타는지
갈대마저 자줏빛 무더기로 피어나는지를
아!　이제는 알 것도 같습니다.

늙으신 아버지 그리도 간절하게
아들 녀석 데모하는 것 말리시는지
말릴수록 그 아들 젖은 가슴엔
서러운 물결이 높아만 가는지를

무언가 가득 차오르는 가슴
주체 못하고 일어서서
침묵으로 유장히도 흐르는 황혼 물결에
다시금 귀 기울이노라면
강물은 또한 많은 얘기 들려줍니다.
아버지 굵은 핏줄에 흐르는 이야기들을요

"나는 바보의 다른 과 친구입니다.

투쟁하란 말은 없었지만

그 친구는 나에게 많은 것을 주었습니다.

저는 아직 짱돌 한 번 던진 적이 없지만

바보를 잡아간 놈들을 용서할 수 없습니다.

오늘 비록 제가 잡혀 간다 하여도……"

큰 사람

그 사람 얼굴엔 실없고 값싼 미소가 있소
그 사람 가슴엔 끓어 주체못할 사랑의 쇳물이 넘치고
그 사람 손에는 누구든 어루만질 온기가 있소
그 사람 눈빛엔 헤아림 깊은 포용이 반짝거리고
그 사람 혀에는 애국의 투혼 세포세포 안달이 나있고
그 사람 괴춤은 주인의 뱃속 몇 푼 넣어보지 못해 죄스러워
쭈글상이오
그 사람 일기엔 누구나에 대한 겸손한 배움의 흔적이 있소
그 사람 주위엔 나같이 재주 하나 없는 멍충한 바보도 있고
그 사람 주위엔 다들 포기한 되바라져 성질 급한 여자
후배도 있고
그 사람 주위엔 최루탄 악종 싸움 불독이 도사려 있고
그사람 주위엔 모두의 추앙으로 자랑스런 통일의 전사도 있소
그 사람 곁에는 사랑에 푹 젖어버린 샘물 같은 눈동자
애인이 있소
그 사람 멀리엔 어머님이 눈물져 있고
다시 그 사람 곁에는 항상 사람이 버글대고
다시 그 사람들이 새로워져 떠나고 다시 모인다오

그 사람에게도 핏줄에도 용서치 못할 분노가 끓고
그 사람 가슴은 성조기에 대한 저주로 불타고
그 사람에게도 생명마저 철조망에 찢어 걸으며 가야 할
길이 있다오

하지만 뭐라 해도 그 큰 사람에게는
포용과 사랑이 있었으니
나는 이를 일컬어
포용은 통일이요
사랑은 애국이요
그를 일컬어 애국자라 세계 만방에 선포하오
세계사 구절구절 써 넣고 싶소이다

조국을 사랑하다보면

조국을 사랑하다 보니
차암 희안한 일도 생기데

술자리 술값 내기 아까워 먼저 나오고
점수 높은 친구 보면 쌓이는 열등감
정말 친구들 잘되는 꼴을 못봤제

이쁜 애가 나만 안 좋아하고 나보다 멋있는
다른 짜샤 좋아했을 때 죽고도 싶었지

밥을 먹어도 내 배 먼저 채우고 나서
"야 니들 많이 묵어라, 배고프지."

농투산이 머슴살이 뼛골 쑤시는 울아부지
머슴이었다는 말 입 밖에 꺼내지도 못했지

글다보니, 가슴 나눌 친구 하나 없고
괜히 술 처먹으면 병 깨고 난장 피워
나를 알리려 했지 글다보면 변비도 쌓이고

그런데 별일이드라고
그래도 거리에서 짬박질 묵숨 걸다 보니
학생회에서 떨어지는 후배들
살점이 떨어지는 듯하고,
글다보니 없는 돈 외상 술 사먹이게 되고
자신을 반성하게 되고
겸손이라는 것을 배우고
더욱더 솔직해지니
주위에 사람들이 나라는 인간도
좋아하게 되고 말여!
변비도 없어지드라고!

아! 조국을 사랑하다 보면
차암 별 일이드라고
망나니 같은 내가 애인까지 꿰차고 말여

자신이 변하지 않고 조국도,
단 한 명의 후배도, 사랑할 수 없기에

날 때부터

첫울음 터트릴 때부터
이빨 돋은 사람 없듯이
단지 이뿌리 품어지닌 잇몸이 있을 뿐

막 돋아난 죽순부터
대창처럼 단단하지 않듯이
단지 황토흙 비집는 뾰족한 끝이 있을 뿐

날 때부터 완벽한 사람 누가 있으리오
다만 어떻게 자라느냐
혼자 잘나 쑥 자란 이빨 뻥드랑니 되고
혼자 독불장군 자라난 장죽 꺾어지면
그만인 걸

못생겨도 가지런한 여러 이가 있어야 씹을 수 있듯
휘청 나약해도 뭉쳐야 태풍도 막아내는 대나무숲처럼

대나무 뿌리 깊은 사랑으로 얼크러져
못났다 잘났다 욕도 들어가며, 고쳐가며
왼쪽 어금니 아프면 오른쪽 어금니 씹어주며
더불어 살아 이빨 구실, 대나무 구실, 사람 구실 하지요

참을성

옹기종기 빙 둘러 모여앉아
회의라고 할라치면
나에겐 왜 그리 할 말이 많은지!

타인의 얘기 깊이 듣지 못하고서
내가 안다고
경험해 보았노라고
툭툭 튀어나오는 한 마디 한 마디가
쌈박하게 정리해서
일축으로 타인의 얘기 꺾어 놓지만
저기 저렇게
마음 아파 앵돌아진 친구들

내 잘난 말 속에 뼈가 있었구나
나는 잘났고
너는 못났다는 경솔함이 있었구나

아무리 좋은 말인들
타인의 비위 거슬려 들린다면
그 무슨 소용있으리

겸허하자고 그렇게 마음 다잡아 먹었건만
정말
사람이 된다는 게
이렇게 힘든 것인가요!

행복의 길

고등학교 때는 매점에 가지 않았네
얻어먹기는 싫은데 사줄 돈이 없어
그땐 돈만 있으면 행복할 거라 했네

재수시절에 모든 것이 캄캄했네
아무리 미래를 그리려 해도
어디에도 행복은 없을 것만 같았네

한때는 그냥 만족하며 사는 것이
신에 귀의하며 속세와 인연을 끊는 것이
그것이 행복할 것만 같았네

돈이 있어도 못된 사람은
욕을 먹기 마련이고
혼자만 잘사는 사람은
질투를 받기 마련이고
남아서 도와주는 사람은
고마울 뿐 감동이 없고

하나님을 외쳐보아도
알아주는 이 없으면 고독하고
욕 들어먹으면 기분 나빴네

허나 이제 빈털터리 무일푼
이리저리 쫓기는 시련의 삶에도
나는 그저 행복하다네

학점도 명예도 출세도 다 잃었지만
나를 알아주는 이토록 정겨운
벗들로 하여
누구나의 가슴마다 비워둔
벗에 대한 그리움을 알기에
행복하다네 세상천지 어디를 가든
만나는 사람들이 모두 벗이기에
그저 행복하다네

야속하게 종점 버스 출발하려
시커먼 방귀 뿡뿡 용을 쓰고
혹시 뒷차 탈까봐, 1000원짜리 전자시계
괴물같이 위 아래 두 눈 부라리고

버스 난간 부여 잡고 바라본 장미꽃 두 송이
벌써 웃는 꽃잎 위로 서운한 그림자 어리네
도저히 다리는 맥이 풀려 말을 안 듣고
눈길은 나도몰래 뒷차에 머무네
"학생 뭐하는 거야 이게 자가용이야"
"아 예 탑니다. 타요! "

그렇게 얼굴 바알갛게 사랑은 익어가고……

우리 사랑의 힘으로

이젠 아주 솔직히 고백 할께요
한동안 당신을 못 믿어했어요
처음엔 보이지 않던 차이들이
사귀면 사귈수록 커져만 갔어요

사랑만 있으면야 무슨 대수랴
하지만 애인의 사랑마저도
길들여 당신품에 가둬두려는
의도로만 느껴져 두려웠지요

솔직히 고생스런 험난한 이 길
심약한 당신보며 잊어버리자
사노라면 뜻 맞는 이 또 없을까
아주 못된 생각도 품었었지요

하지만 밤마다 못잊어 목이 메는
당신께 아픔주고 내가 못살아
나만도 너만도 아닌 사랑
우리 사랑의 힘으로 함께 가요

돌발길 당신의 발 부르트면야
이 짱짱한 다리 업고 갈께요
내가 지쳐 쓰러져 목이 타거든
그대 마음의 샘물 적셔주어요

서로를 소유하는 것이 아닌
서로를 길들이는 것도 아닌
서로 복종하며 서로 배우며
우리 사랑의 힘으로 함께 가요

살면 얼마나 잘 산다고

젠장 언제까지 막막한 내일
걱정만 하다가 마랴

하루살이도 한순간 불꽃으로 뛰어든다
두견이도 이 밤을 피울음 애타게 노래한다.

살면 얼마나 산다고
잘 살면 또 얼마나 잘 산다고
한 몸 치닥거리 안락 좇아
훗날 아무 기억할 것도 없는
맹숭한 삶을 살다가랴

나는 가리라
그 길을
돌이켜 부끄럽지 않을
돌이켜 마음 뿌듯할 그 길을

청소를 하며

아침 일찍 학교에 와 동아리실 청소를 한다
대강대강 하는 것보다
할 바에는 똑 부러지게 하자고
의자들어 책상에 올리고

비로 쓸구 걸레도 두세 개 가져다
청소아줌마 몰래 하이타이 가져다 뿌려
기름때까지 쫘악 닦아내고 나면
파란 바닥이 환하게 웃는 것이
고맙다 악수라도 할냥 손을 불쑥 내밀 것 같다
내 발자국 남긴 군데 군데가 맘에 걸려 또 닦아내고
마를 때까지 움직이지 않으려 담배 한 대 피워문다

"헤헤 다른 짜식들
내가 이렇게 공력들여 청소 하는 것 알아 줄까!
애들은 왜 청소를 그렇게 헐하게 하는지 원"

그런 날은 처음 온 친구면 누구나 탄성을 하고
기다렸다는 듯이 내가 했노라고
락스퐁퐁 뿌려가며 했노라고 일장 자랑을 한다
어쩌다 바쁜 친구 누가 했냐고 묻지도 않으면
은근히 부아가 치민다.

한참 혼자 부글 부글 끌어올라 다시 담배를 피워 물면
부끄러워지는 자신을 발견한다.

에이그 우째 동아리실 청소는 쉽게 해도
내 가슴 더러운 때 이리도 닦아내기 힘든고

솔직

지독한 열등감에 시달리던 예전엔
솔직할 수 없었습니다.
어여쁜 여자애가 같이 하는 술자리에선
1권 들춰본 토지가 전권으로 둔갑했고
한번 가본 지리산으로 지리산 박사가 되었습니다.

동료들을 믿지 못하던 그 때엔
부족과 과오를 들키는 것이 끝장이라고 생각했습니다.
변명은 또 다른 거짓을 낳았고
고독한 마음의 병은 깊어만 갔습니다.

동료들은 결코 영웅을 원한 것이 아니라
친근한 벗을 원했습니다.
자신을 알아주고 서로 부족함을 감싸안아
용기와 힘을 나누길 바랬다는 것을 알게 되던 날
솔직하게 얘기 했을 때 친구들이
아! 얼마나 따뜻한 맘씨를 가졌는지……

벗

벗 하나 있으면 좋겠네
실의에 지친 어깨로 찾아가면
그저 조용한 미소로
즐겨듣던 음악을 틀어주고
쐬주 한 잔 따라줄
곁에 있어만 주어도 아니 간혹
한 번 눈빛만 마주해도
초라해지던 내 맘 든든히 차올라
술잔 부딪쳐 의기 차오를
그런 벗 하나 있으면 좋겠네

가진 것과 능력으로 서로
비교치 아니하고
나보다 더 행복하길 서로 빌어줄
말이 아닌 눈빛으로 빌어줄
그런 벗 하나 있음 좋겠네

그도 그렇게 힘겨울 때 제일 먼저 나를 생각하고
술 한 잔 사달라고 삐삐 음성남길
그런 벗 하나 있으면 좋겠네

비판

가혹한 비판을 두려워 않으리
비록 낯 뜨겁고 괴로운 시간이더라도
될 수 있으면 많은 동지들에게
될 수 있으면 철저한 비판으로 반성해가리

약한 쇠야 너무 강하게 다지면 형체 없어지지만
이미 식민 땅 성스런 임무 알아버린 몸이야
무쇠 망치 두들겨 맞아야 강쇠가 되듯

주위 벗들의 비판은 나의 거울
볼수 없는 얼굴에 때자국
거짓없이 비추어 지적하는
양심의 거울

지천으로 깔린 출세주의, 소영웅주의
무시로 달겨들어 나의 영혼 오염되기에
비판마저 잘 잊어먹는 덜렁대는 성격이라
무자비한 자기비판 관료주의 박살내리

고모님

고대 술집 중 진짜 고대다운 막걸리집은
고대 어머니집
高母집이랍니다.

언제나 외상 술 썩썩 그어주시고
비록 들을 욕 못들을 욕 술보다 배부르지만
배가 고파 불쌍한 인상에 머리 박박 긁으며
"고모님 배고파요"
"어이구 염병할 놈 어째 꼭 바쁠 때만 오냐!
오늘은 친구를 안달고 왔어?"

"헤헤 다른 학교 친구들이야 굶어도 좋걸랑."
"어이그 누구는 땅파서 장사하는 줄 알어
집세도 밀려서 죽갔서 아주 그냥"

그리고 드립다 욕을 해대시며
양재기에 수북이 밥을 담아 계란후라이 김치 참기름
허천나게 맛있게 비벼줍니다.

그리고 바빠서 한동안 못가고
오랜만에 가기라도 하면
공짜 밥 구박땜에 미안해서 못 왔냐구
글지말고 언제든지 와서 밥먹구 가라 하십니다.
친구들 너무 데려오면 곤란하다고 하시며
그 후로 어떻게 꼭 친구들을 데리고 가게 되는데
욕은 점점 심해져도 밥은 점점 많이 주십니다.

저는 이 따스한 고모님에게서
80년 광주의 어머님을 떠올립니다.
우리 민중의 정서를 배웁니다.

학교 청소부 아줌마

7시 반 정확히 학교에 오시어
고무장갑에 변기 구석구석 때국물 닦아내실 때
당신은 무슨 생각 하시나요
우리가 질펀하게 먹다 버린 반 남아 들어있는 맥주병
주워모아 몇 푼에 넘기시며 당신은 무슨 생각 하시나요
우리가 내다버린 라면 부스러기조차 아까워 끓여드시며
못된 저희를 원망만 하실 줄 알았어요
교문 투쟁있던 다음 날 저를 붙잡으시며

"이노므 자석아 좀 조심좀 하그라
내 마스크 쓴다고 모를 줄 아나
니는 근처 시장 사람들도 다 안데이
내랑 같이 구경했던 사람들 귓속말 하는거 보니 다
사복 형사들이드라
잡혀가믄 니 엄마 얼매나 속타것노 이노므 자슥아."

동아리실 늦잠 자는 저를 깨워 밥을 멕이시며
이렇게 말씀 하시었죠

당신이 한 달 19만원 봉급에 이 고생 하는 것
다 자식 잘되라는 거라며
부모 맘이야 다 똑같다고 데모 그만하라고……

저는 왠지 아주머니처럼 고생하시는 사람을 위해서라고
말을 할 수가 없었어요
게으른 제가 부지런한 아주머니에게

나의 아버지

들판에서 죽은 개 주워다 끄슬려 먹은 것
버려진 자전거 주워다 고쳐 탄 걸 제하고는
단 한번도 남의 것 뺏어 본적 없는 우리 아버지

동네 공동 울력을 나가서
아래 젊은 사람들 막걸리 마시며 게으름 피워도
다부지게 일하지 않으면 맘이 편치 않다고
그래서 품앗이 서로서로 데려가려고
동네사람 줄을 서고요

술도 안드시고 그렇게 좋아하는 빵도
참거리로 나올량이면,
아들 좋아라 날뛰는 것 그리도 보고싶은지
미련없이 주머니에 담으셨지요
저는 그 구수한 담배 냄새 베어든
빵을 씹으며 사랑을 먹으며 자랐지요

뜸부기 개구리 소리 지천으로 피어나는 들녘에서
아버지는 엄마 몰래 숨겨둔 동전을 주시며
보름달 빵 사먹자고 하시었죠
신나게 달려 세 봉지 사오면
아버진 애써 조금씩 조금씩 씹으시며

“허허 어째 이렇게 맛싯스까
요씨 내 언제 한번 목포 놀러 가면 질릴때까지
실컷 묵어봐야것다”

그 후 목포 유달산 놀러 갔을 때
나와 막내동생 쮸쮸바는 수없이 사주셨어도
슈퍼마켓 가득한 빵봉지 애써 눈길 돌리시던
아버님의 모습 지금도 눈에 선하답니다.

연대 사업가는 길
하루종일 혹사한 위장 떡볶기 한 접시
오뎅 한 꼬치 쫄깃쫄깃 씹고 싶지만

몇 푼 안되는 돈을 만지작 거리며
후배들 사주어야지 그렇게 생각할 때마다
아버지 당신과 보름달 빵이 생각나
빙그레 웃으며 돌아선답니다.

시민

11월 3일 학생의 날 가두투쟁
하얀 장갑을 끼고
내 친구가 동을 떴지요
그날은 자살 택이었기에
저기 멀리부터 백골단이 몰려왔어요
난 잡히기 싫어 후배들 손잡고 빠져 나왔어요

곧 백골단이 차도 위에 누워 울부짖는 학우들
팔을 꺾고 짓밟으며 닭장차에 태워 끌고 갔어요

그 때 한 노점상 아줌마가 발 동동 구르며
눈물 콧물 흘리시며 울었어요
마치 친자식 잡혀가는 것처럼
나중에는 주저앉아 우셨어요
"어쩌까이 내 자식들"
그러더니 달려 나가 백골단을 잡고 울었어요
발에 채이면서도

난 비겁하게 넋이 나가 시민들 사이에서 보고만 있었어요
손잡고 있는 후배들의 얼굴을 볼 수가 없었어요

사랑이란!

사랑!
그것은 새암물 같은 것

퍼주지 않으면 고여 썩고
퍼주면 퍼 줄수록
석 삼년 가뭄에도
더욱 더 맑은 물 샘솟는
용알뜨기 정한수 같은 것

내 사랑의 샘물
그대의 가슴 촉촉이 적시어
그대가 그대 마음의 밭에 씨앗 뿌려
꽃 피고 알알이 영글은 곡식
만인에게 나눠 주리니!

사랑!

그것은

헐한 흙 뚫고 솟아나는 방죽물 아니라

험한 바위 뚫고 솟아

더욱 더 깨끗한 새암물 같은 것

생활의 전사!

살아 있어야 한다

소외의 아픔 절절한 이들
한시도 잊을 수 없고
갈등과 방황의 주위 사람들 눈빛
그 하나 놓칠 수 없어
안일에 빠져 무기력하게 죽여보내는
1분 1초도 용납 할 수 없나니

식민의 땅
갈라져 몸부림치는 조국의 아픔
이미 사무쳐버린 전사여
당신의 핏줄 당신의 심장은
살아 있어야 한다

주위의 사람들 속에서
힘이 되고
희망이 되고

각성제가 되어
우리를 까마득히 속여왔던
미제와 분열주의자들에게
두려움 전율할 당당한 미소로
다시 살아야 한다

그렇게 상처 투성이 반쪽난 조국의 심장
내 핏줄 다시 묶어 붙이고
배신할 수 없는 조국의 부름 앞에
밥과 물이 아닌
땀과 피를 먹고
영원히 되살아 날
또 하나의 사회적 생명의 꽃봉우리
식지 않은 뜨거운 청춘의 흙가슴으로
피워 만발해야 하려니!

벗이여 그대로부터 먼저
살아 있어야만 한다

아버지와 뉴스

아버진 농사일 아무리 힘들어도
뉴스는 꼭 보십니다.

정치면 첫말 "노태우 대통령 각하께서는"
"언 썩을 놈 나도 말로는 대통령 아니라 옥황상제도 하것다."

사회면 "학생들 화염병 시위, 전경 다수 부상"
"못된 놈들 지애미 아비 속타는 줄 모르까이"

사회면 "오산 산사태 농민의 떼 죽음, 재벌들 골프장 건설이 원인"
"저런 쳐 죽일 놈들 때문에 나라가 망할 것이여"
"저- 저러니 학생들이 데모 안하고 배기겄어"

아부지 글먼 나도

"뭔소리여 다해도 니만은 안돼
가진 것 없는 자식 공부나 해야 묵고 살 것 아녀"

그리고 멋적으신지 서늘한 표정
담배를 피워 무시는 우리 아버지

쓰레기 당번 이등병

갓 들어온 햇병아리 이등병이라
걸레 빨고 음료수 컵 씻고 수건 빨고
바쁘다 바빠 하루 종일
땀 뻘뻘 한아름 소각장에 쓰레기 버릴 땐
분리수거 철저 빈 병, 빈 깡통 꼭 뒤져 챙기지요
비록 냄새나고 손이 더러워져도
쓸만한 양말이나 런닝이 아까워
깨끗이 빨아다 햇볕 가실가실 말리어
차곡히 쟁여두었다가 장마지고 젖은 양말
전우들 무좀 고생할 때면
하나씩 꺼내주면 환히 피어나는 미소들

여전히 오늘도 행정반 쏟아부은 쓰레기 뒤지다
구겨진 편지 한 통 우표도 도장도 없이
받는 사람 아랫켠에 예쁘게 쓰여진 '김혜진' 이란 여자 이름
"잘못해서 인사과 갈 것이 쓰레기통에 떨어졌구나"
도톰한 이 편지 쓰느라 병사는
밤새워 얼마나 그리움 태웠을까!

애닯은 애인은 얼마나 편지 기다렸을까!
이별의 아픔으로 가슴 쥐뜯던
수많은 전우들이 떠올라서는
인사과 군사우편 도장 꽝 찍어
문서 수발차에 보내주었지요
제발 헤어지지 말고 행복하길 맘속으로 빌고 또 빌며

바라다본 미루나무 까치 한 쌍 재잘거리며 노니는 모습
웬지 더없이 행복스러워 보입니다.

더불어 깊고 포근한 밤

해 떨어지고 산새소리도 잠이 든
초저녁 가을밤에 홀로 풀을 깔고
야전 초소에 누워보라
그 어마어마한 적막감
고요가 가져다주는
아득한 고독감에 젖어보라

누군가와 더불어 따뜻한 밤
부드러운 형광등 빛 아래서
포근한 저녁을 맞이한다는 것이
얼마나 사무치게 그리운 것인가를

[추천사]

한 통일 투사 시인의 참사랑 찾기

임헌영(문학평론가)

1. 윤동주의 시 정신에 김남주의 투지

한 시인이, "시인이 되지 않고는 꿈을 꿀 수 없다"는 진정 순수했던 한 시인이 한국 시단에서 스러지는 별처럼 2018년에 사라졌지만 정작 그가 얼마나 소중한 존재였던가를 미처 알지도 못했다. 무작정 시가 좋아 "시만 쓰면 배부른 시인이 되자"라고 다짐했던 그가 쓰고자 했던 시는 "화조월석 풍류나 읊조리는 한량이 아니라/외국시 흉내 내다 종시 모를 언어유희"가 아니라, "이 좌절과 절망의 땅"에서 아픈 시대의 상처 많은 "이 세상 모든 사람이 행복해지는 날"('시인이 되자')을 앞당기려고 동지들과 하나 되고자 들꽃처럼 피어났다 사그라져 간 미학적 순교의 언어였다. 나는 그에게 우리 시대의 가장 치열했던 민족해방 투사 시인의 한 사람이었다고 감히 말하겠다.

씻으리/정히 씻으리/속된 마음/비겁한 심장 정히 씻으리!//던지리/후여 던지리/욕된 목숨/천한 삶을 후여 던지리!//그리하여/내 한 점 살점도/다아 바치고/그뉘 알아주지 않아도!//남기리/하나 남겨 백골이 되어도/지하에서도

영광으로 춤추리니//조국아! 미치도록 그리운/아! 자주통일 조국아!('서시' 전문)

윤동주의 '서시'에 화답이라도 하려는 듯 하늘을 향해 한 점 부끄럼 없는 분단시대의 소박한 투사의 맹서로 읽혀져도 좋을 이 시를 뒷받침해주는 이창기 시인의 삶의 자세는 너무나 투명했다.

그의 시 정신은 윤동주처럼 단아한 데다 정갈하고 올곧으며, 민족 주체성을 향한 열정의 투지는 김남주처럼 황토에 깊숙이 뿌리 내린 투박함과 낙천성이 스며있으면서도 견고한 불굴성을 지니고 있다. 이창기의 시는 저 멀리 일제 식민 탄압에 저항했던 카프 문학의 투혼을 부활시켜 분단시대의 반외세 민족 주체성을 소환하려는 기상나팔처럼 힘차다.

이 시인은 이 혼돈의 시대에 오로지 민족혼을 일깨우려는 나팔수로 살고자 세속적인 욕망들 - "재물 탐욕하는 자 매국노 되고/지위 탐욕하는 자 당쟁꾼 되고/값있는 이름 떨치려는 사람 영웅"이 되려는 따위의 자아를 버리고, "양심의 명령 따라/온몸 내던지는 사람/무명전사"('무명전사의 미소') 되기가 단 하나의 소망이었다는 점에서 김남주의 후예로 손색이 없다.

이창기의 인생관은 “살면 얼마나 산다고/잘 살면 또 얼마나 잘산다고/한 몸 치닥거리 안락 좇아/훗날 아무 기억할 것도 없는/맹숭한 삶을 살다가랴”면서, “하루살이도 한순간 불꽃으로 뛰어든다/두견이도 이 밤을 피울음 애타게 노래”하거늘 어찌 시인으로 “돌이켜 부끄럽지 않을/돌이켜 마음 뿌듯할 그 길”(‘살면 얼마나 잘 산다고’)을 가리라고 작심하는 데서 형성된다. 여기서 ‘그 길’이란 진실과 양심(‘진실’)으로, 그건 “옳으면 가고/해야 할 일이라면/목숨을 던진다./(....)/단 하루를 살아도/민족을 위해/인간의 존엄을 위해! ”(‘단순한 삶’)라는 말로 축약된다.

너무나 교훈적인 명령조로 이뤄진 단순성에 어리둥절할 여지가 없지 않겠지만 그가 살았던 시대를 감안하면 공감될 수도 있을 것이다.

시인 이창기(1968.3.2.-2018.11.18.)의 고향은 전남 목포다. 시 ‘영산강의 영혼’에서 노래했듯이 그곳은 “뼈아픈 전란의 그 시기/말 잘하고 똑똑한 사람들이야/이유도 없이 트럭에 실려와/여기 비명도 없이 묻혔답니다.//영산강은 말없이 흘러가지만/눈 감고 강심에 귀 기울이면/아우성으로 피어나는 총소리/튕겨나는 미국산 탄환 껍질”을 풍문으로 들으며 자랐을 터였다.

그는 광주 인성고교 졸업(1987) 후 고려대 산림자원학과(1988-1996)에 다니며 '고대 농악대'로 활동하는 한편 전위적인 문학계간지 『노둣돌』을 통해 시인으로 등단, 심산문학상, 효원문학상, 임수경 통일문학상 등을 수상한 경력에다 홍치산이란 필명으로 시작활동을 했다. 그 결실이 시집 『바보 과대표』(두리미디어, 1993)와 『10분 사랑』(두리미디어, 1996)으로 남아 있는데, 1990년대 학생운동의 풍속도를 그린 수작들로 이뤄져 있다.

졸업 후 '자주민보'를 발행(2000)하다가 국가보안법 위반으로 구속(2001)됐지만 출옥 후 '월간 우리'로 체제를 바꿔 민족 주체성에 입각한 잡지를 창간(2002), 이를 '인터넷 자주민보'로 전환(2005) 발간하다가 두 번째 국가보안법으로 투옥(2012), 1년 6개월 후 석방됐다. 이로써 제4회 민족언론상(2014년, 미주 민족통신 제정)을 수상했으나 이내 '자주민보'는 폐간 조치(2015)당했으나 바로 '자주시보'로 개제 발간, 활동 중 지병으로 작고했다.

동지였던 아내 김일심은 "늦은 밤 남편의 노트북 자판 두드리는 소리를 자장가 삼아 잠들던 날들로부터 멀어져 갑니다. 그 밤에 썼던 기사나 시들을 나중에 읽고는 뒤늦은 후회로 고통의 시간을 보내야 했습니다. 남편이 바빠서 시를 못 쓰는 줄 알았는데 수첩이나 노트의 작은 귀퉁이에 적어둔 손글씨를 발견하면 반가움에 만감이 교차했습니다. 기쁜 날, 슬픈 날, 많은 날을 시인 홍치산으로 살고 있었습니다"라고 절절하게 회고하며, 자신은 "홍치산 선배를 지켜보는 후배였고 마지막을 눈물로 보내야 했던 가족"이었다는 말에 자긍심이 묻어난다. "시로 노래해준 장면들이 심장으로 읽힙니다. 시간을 달려 과거의 그날로 데리고 갑니다. 그날의 햇살과 향기도 전해오는 느낌입니다."(김일심, <시집을 발간하며>)라는 말에 새삼 인생무상을 느낀다.

2. 쑥처럼, 민들레처럼 피어나는 사랑

이렇게 쓰고 보니 이 시인은 태생이 선험적인 역사의식의 소유자처럼 오해할 소지가 있는데, 전혀 그렇지 않은 천진한 대지의 소년이었음을 시 '나는 운동권이 아니었다'에서 허심탄회하게 털어놓는다. 그는 교내 식당의 부실한 반찬을 들고 식당 주인에게 따졌으며, 새벽길 청소부 아저씨에게 "담배 한 대 권해 드리고/리어카에 종이 박스 폐품 찾는 할머니 고물상"까지 끌어다 주었는가 하면 한 노파의 "도망간 며느리 얘기 다 들어주고서야/영양실조로 죽은 손주 애기에/눈물 감춰 닦으며/분노로 이 글거리는 눈빛으로 밤하늘을 우러르던 사람이었다.” 그러다보니 자신도 모르는 사이에 “오로지 운동만이 가장 아름답다고/오로지 변혁만이 가장 인간적이라고/믿어 버렸기에/아직 진짜 운동권이 못되지만/진짜가 되기 위해” 그리고 “진실과 사랑이 정의와 따뜻한 정이 잔인하게 짓밟히는/이 세계 최후 분단국가를/ 끝장내기 위해서/하여 바보 같은 사람들이/사랑과 미소로 살 수 있는 세상을 위하여” 알짜 운동권으로 편입했다고 그 과정을 진솔하게 실토한다.

이런 자신의 변모를 노래한 시가 ‘생각해보라’이다.

지금껏 살면서 남을 위해/남는 것이 아닌/자신의 삶을 떼준 적이 있는지를/자신의 피를 바친 적이 있는지를/아니 피는 아니더라도 손해 보며 무엇을 준 적이 있는지./(...)/그 많은 불면의 밤/시기와 질투로 모대기면서/남을 위해/타인의 고통에 마음 아파/단 한 시간이라도 뒤척이며/잠 못 든 적이 있었는지를.(‘생각해보라’)

안도현의 ‘연탄재 함부로 발로 차지 마라’를 연상케 하는 이 자기희생의 축제 행위는 이창기 시인으로 하여금 “살튀기는 경쟁사회 피끓는 청년으로/팔씨름 족구 조그마한 것에서도/패배를 인정한다는 것은 수치”임을 너무나 명백히 알면서도 "져주고 바보 같더라도/모두에게 편한 사람이 되는 것/그렇게 평생을 돈을 모으는 수전노가 아니라/평생을 사람을 모으는 애국자 되자! "('져주자')는 결심으로 선회한다.

패배란 무엇인가. 시인은 이를 바보처럼 사는 자기희생으로 승화시켜준다. "이기지 못하면 잡아 막히는 세상이라지만/나는 누구나의 봉이요 밥이 되고 싶소"라는 시인의 소망은 "만인의 행복을 진심으로 빌 수 있는/바보가 되는 길이 얼마나 어려운 지"를 설파한다. 그래서 바보 같은 삶은 곧 혁명을 실천하는 삶임을 깨닫게 된 과정을 이렇게 노래해준다.

단 한 사람도 진실로 사랑할 줄 모르던 내가/인간에 대한 사랑이 뭔지 배웠으니/아! 이 엄청난 조국의 선물이여!/만인을 사랑할 마음 주셨으니!/아! 조국이여!/아! 혁명이여!('나 바보처럼 살려오')

마침내 시인은 나 자신이 바보처럼 패배함으로써 얻게 된 이웃 사랑에서 조국의 종개념을 넘어 혁명이란 유개념에까지 이르게 된 환희를 찬양한다.

그렇게 되자 그는 자기희생을 보다 효율적으로 수행하기 위해서는 얼마나 강철 같은 규율과 자기 감시가 절실한가를 깨닫는 시점에 이른다. 김남주의 시 '전사'를 연상할 정도의 냉철한 자기비판을 강조하는 시 '비판'은 그래서 탄생한 작품이다. "약한 쇠야 너무 강하게 다지면 형체 없어지지만/이미 식민 땅 성스런 임무 알아버린 몸이야/무쇠 망치 두들겨 맞아야 강쇠가 되듯" 한다며 "무시로 달겨들어 나의 영혼 오염"됨을 막고자 "무자비한 자기비판 관료주의 박살내리"라고 다짐하는 시인의 투지!

대체 이 시인은 무엇을 위하여 이토록 그 혁명의 투혼을 단련시키고자 하는가? 그것은 한 마디로 분단 조국 통일을 위한 민족 주체성의 확립이다.

시인은 민족주체성을 정치구호에서 찾지 않고 우주 삼라만상을 통해 발굴해 낸다. 어떤 외세에도 굴하지 않는 민족의 투혼은 내일이면 태양이 솟듯이, 들판에 망초와 제비꽃과 질경이와 강아지풀, 씀바귀, 억새꽃, 잔디처럼, 산속의 맹호가 포효하듯이 어떤 악조건에서도 지칠 줄 모르고 무성하게 자라난다고 아름답게 노래하는데 그중 가작은 필시 '쑥'과 '민들레 저항'일 것이다.

새순 하나 따면/세 개 네 개 새순 돋아/쑥쑥 잘도 자라는 쑥//딸 테면 더 따보라며/고개 빳빳하게 들고/더 높이 쑥

쑥 자라나는 쑥//새순 딸 때마다/하나가 열이 되고 백이 되어/온통 덮어버리는 겁 없는 쑥!('쑥')

베고 또 베고 또 베어내도/바로 잎과 꽃망울 쑥 피워 올리는/민들레/'벨 테면 베라'/(...)/뿌리 뽑아도/땅 갈아 엎어도/막을 수 없는/민들레의 저항//'어디, 벨 테면 베라!'('민들레 저항')

그래서 우리 민족은 "밟힐수록/뿌리 굵어지는 민들레/쓸수록/지혜 깊어가는 머리/칠수록/뼛속 강해지는 주먹/나눌수록/정 돈독해지는 가슴/하여,/수천년/굵어지고 깊어지고 강해지고/돈독해진/우리 민족//그리하여 이제,/강인한 기상/따뜻한 빛/싱그런 향기로/온 세상 뒤덮어 갈/민들레 우리 민족/생명의 민족"('민들레 민족')이 아닌가. 그러나 과연 우리 민족이 이처럼 강인했던 가에 대한 자책과 회한을 이 시인은 잊지 않고 지적해 준다. "자동차와 손전화기, 선박과 기계로 세계시장 말아 쥐면서도/어찌 여전히 사대주의에 쩔어/뼈속까지 친미, 친일 조잘거리며 굽실거린단 말인가"라고 자탄하며 시인은 "미,일이야 겉으론 혈맹이니 하지만/속으론 간 쓸개도 없는 족속이라며/같은 민족끼리 싸움질이라며/얼마나 얕잡아 보겠는가"('언제까지')라는 게 분단 남녘의 실상임을 일깨워준다.

3. 더 많은 화제를 만들기 위하여

시인은 "부족한 필력과 부족한 시간 그냥 열심히 살고도 싶었지만 밤을 모대겨 쓰면서 참삶이 무엇인지를 서서히 깨닫게 되고 나아가 시를 쓰는 문제는 해도 되고 안 해도 되는 문제가 아니라 역사가 내려준 의무"임을 깨닫게 되었다고 말한다. 말하자면 "시를 쓰는 문제는 구국의 실천과 더불어 또 하나의 의무"(작가 후기)임을 이 시인은 선명하게 밝혀주고 있다. 이런 명제 앞에서 문학이란 그런 게 아니라느니 어쩌니 하는 잡음은 접어두기로 하자.

미. 일 제국주의의 음습한 그림자가 드리운 이 분단 남녘의 열혈 청년의 절규가 설사 귀에 거슬릴지라도 이 시를 읽는 동안만이라도 순수하게 받아들이자.

이 시대, 언론조차도 기자가 아닌 기레기들이 온갖 풍문만 날조해 내는 시대에 문학은 그 기레기들의 풍문을 모방이라도 하는 듯이 얌전해져 버린 시대에 이창기는 참 언론 활동에 온몸 바쳐 실천하는 것으로는 모자라 용기 있는 진정한 민족 주체성에 입각한 평화통일시를 두견이 울음처럼 토해냈다.

그의 시에는 투쟁만이 아니라 지극히 서정미 넘치는 연애시와 부모님을 기리며 불효를 탄하는 참회시, 그리고 주옥같은 자연 서정시편들도 있으며 동지들을 다룬 풍자적인 생활시도 있다.

그럼에도 불구하고 나는 그가 진정 바라마지 않았던 분단 민족의 아픔을 극복하고자 주력했던 시 세계만을 중심으로 간략하게 다뤘을 뿐이다.

이 시집 출간을 계기로 시인의 동지들이 그에 대하여 더 많은 일화와 시 해석을 위한 삽화들을 발굴하여 공개해 주기를 바란다.

이처럼 자랑스러운 어버이를 둔 그의 가족들에게 심심한 경의를 표한다.

[추천사]

‘사랑의 사람’ 이창기 시인에게 배우는 사랑의 실천

황 선

‘바보 과대표’

이창기라는 분을 처음 만난 것은 이 시를 통해서였습니다. 90년대 대학을 다니며 학생운동을 경험한 사람이라면 학생회 자료집에서 한 번 이상 읽어봤을 시입니다.

당시 시인의 필명은 ‘홍치산’이었는데, 후에 내가 국가보안법 사범이 되어 옥중에서 쓴 글을 출판물로 엮어 펴주고, 감옥에서 끄적인 서툰 창작시에 처음으로 시평을 써 준 분이시기도 합니다.

이번에 시인의 유고집을 출간하며 추천사를 제안받았는데 많이 외람된 줄 알면서도, 시인 생전에 받은 보살핌에 대해 작은 갚음이라도 될 것 같은 마음에 제안을 덥석 받고 말았습니다.

필력도 사상도 일천한 처지라 걱정이 크지만, 이창기 시인의 시를 읽으며 받았던 위안과 응원을 독식하지 않고 함께 누리고 싶은 마음 역시 무거운 제안을 사양할 수 없게 했습니다.

시집『바보 과대표』나『10분 사랑』을 읽었을 때도 그렇고, 작고 후 여기저기 남겨놓은 글을 볼 때도 그렇고, 시인의 시는 우선 저를 불편하게 합니다. 그런데 이 '불편함'이 특이합니다. 보통 불편한 감정은 그 대상을 기피하게 하는데, 시인의 글은 은근히 불편하게 하며 스스로를 돌아보게 만들어 버립니다. 성찰하게 하지만 자조하거나 절망하게 하지 않고 어느새 처져있던 어깨를 두드리며 살살 북돋아 준다고 할까? 그러니 이창기 시인의 시가 주는 불편함은 회피가 아니라 즐겨찾기를 낳고, 찾을 때마다 약이 되고 힘이 되는 불편함입니다.

시인은 늘 철저하게 자신을 낮추고 반성합니다.

누구나 한 번 이상 써봤을 일기부터 이름난 문장가의 글까지 본질적으로 반성문 아닌 수필을 찾기는 힘듭니다.

이창기 시인 역시 고해성사 같은 글을 많이 남겼습니다. 그러나 시인의 글에 담긴 반성적 어조에는 꾸밈이 없으며, 그 반성에 일말의 자기연민도 없다는 것은 다른 이들의 글과 구분지어지는 특징입니다.

예로부터 작가 자신의 처지를 한탄하는 등 자기애의 과잉으로 쓰여진 글은 헤아릴 수 없이 많았습니다. 저도 그렇고 얼마나 많은 이들이 반성이 아니라 연민과 변명의 글을 남기고 싶어 하는지 모릅니다.

그러나 이창기 시인은 다릅니다. 철저히 자신을 낮추는 한편, 주변인들에게선 배울 점을 중심으로 보는 것이 습성화되어 있는 분 같습니다. 보통 감옥이나 전방 군 복무 중에 쓴 글들에 흔히 묻어나는 원망과 쓸쓸함도 그의 옥중시에서는 찾아볼 수 없습니다.

자신의 처지에 대한 감정이 일어도 그것은 연민이나 억울함이 아니라 분노와 의기, 각성과 성찰의 감정입니다.

'에이그 우째 동아리실 청소는 쉽게 해도
내 가슴 더러운 때 이리도 닦아내기 힘든고' (청소를 하며)

'살아 있어야 한다

소외의 아픔 절절한 이들
한시도 잊을 수 없고
갈등과 방황의 주위사람들 눈빛
그 하나 놓칠 수 없어
안일에 빠져 무기력하게 죽여보내는
1분 1초도 용납할 수 없나니' (생활의 전사)

자신에게는 강한 채찍을 들이대고 늘 자신을 배우는 사람으로 여겼던 이창기 시인은 주변 모든 것을 스승으로 삼고 경이의 대상으로 여겼습니다.

시인의 시에서 드러나는 특징 또 하나는 '경이'라는 감정입니다.

경이의 대상은 매우 구체적이고 다양하며, 경이로운 부분 역시 다른 서정시와 달리 특징적이었습니다. 시인은 단지 아름다움과 향기를 노래하지 않습니다.

'절벽에 산다는 건
강하다는 것
이미 이겼다는 의미' (절벽 억새꽃)

'요 싸랑부리가 토끼가 제일 좋아하는 풀이여,
긍게 토끼 쌀밥이제' (씀바귀)

'당신이 한 달 19만 원 봉급에 이 고생 하는 것
다 자식 잘 되라는 거라며
부모 맘이야 다 똑같다고 데모 그만하라고
저는 왠지 아주머니처럼 고생하시는 사람을 위해서라고
말을 할 수가 없었어요
게으른 제가 부지런한 아주머니에게' (학교 청소부 아줌마)

'그윽한 그 향기
곁에 두고도 사람들은 몰라라
자귀나무처럼
향기 그윽한 이 곁에 두고도

사람들은 몰라라
그저 멀리 이름 난 향기 쫓아다니면서' (자귀나무)

시인의 시에서 자주 읽히듯, 시인은 '감옥 창틀 먼지' 나 '절벽' 등 거친 환경에서 저마다 가치를 지키며 살아가는 생명을 특히 사랑스러워했으며, 새벽 화장실 청소하시는 아주머니의 근면함, 외상술 주시는 학교 앞 술집 고모님의 잔소리, 농사꾼 아버지가 보름달 빵을 아껴 드시던 모습 등 그 모든 사소할 수 있는 풍경을 기억하고 시에 담았습니다. 그 사랑이 얼마나 섬세하고 지극한지 글을 읽을 때마다 생각합니다. 자신의 넘치는 정에 도취되지 않고, 그 사랑에 뜨겁게 감사하는 사람만이 담을 수 있는 순간이 아닐 수 없습니다.

시에 담긴 경이로움이 단지 찰나의 감탄이 아니라 모두 나름의 서사를 지닌 까닭에 낙관과 긍정의 힘으로 승화되는 것은 당연할 것입니다.

이창기 시인은 착하고 힘없어 보이는 것들의 거대한 힘

과 승리를 믿었습니다. 시인의 시가 보여주는 또 하나의 특징은 이것입니다.

시인의 글에 흐르고 있는 '혁명적 낙관주의' 야말로 애초 느껴지던 불편함(사실 부끄러움)을 반성과 결심으로 변화시키는 근본이 아닐까 합니다.

시인이 지키고자 했던 착하고 여린 생명들의 승리의 담보이자 가장 고매한 인간정신의 정수는 개개인에 있어서는 '무명전사의 정신' 이고 그것의 집단적 승화는 '일심단결, 공동체주의' 로 정리 할 수 있습니다.

'재물 탐욕하는 자 매국노 되고
지위 탐욕하는 자 당쟁꾼 되고 …
양심의 명령 따라
온몸 내던지는 사람
무명전사 …
티 없는 그 이름
가장 용감한 그 이름
무명전사!' (무명전사의 미소)

'혼자 잘나 쑥 자란 이빨 뻐드렁니 되고
혼자 독불장군 자라난 장죽 꺾어지면 그만인걸
못생겨도 가지런한 여러 이가 있어야 씹을 수 있듯

휘청 나약해도 뭉쳐야 태풍도 막아내는 대나무숲처럼' (날 때부터)

이창기 시인은 자신이 사랑한 모든 것들에게서 배웠고 그 배움을 고스란히 실천하며 살았습니다. 우여곡절이 많은 한국 근현대사 속에서 문인들 역시 역사와 뒤엉켜 살았습니다. 이름난 시인의 친일논란은 너무 흔한 사연이고, 소위 민중문학 내에서도 유혹이 많은 자본의 시장에서 글과 다른 삶으로 방황하고 갈등한 예는 쉽게 찾아볼 수 있습니다. 그러나 이창기 시인은 사상과 삶을 일치시킨 독보적인 시인이자 진정한 진보운동가입니다. 시인은 이렇게 노래했습니다.

'옳으면 가고
해야할 일이라면
목숨을 던진다.
단 하루를 살아도
민족을 위해
인간의 존엄을 위해!' (단순한 삶)

사상은 높게 생활은 단순하게. 생활은 너저분하고 복잡하게 하면서 사고는 근시안적이기 쉬운 자본주의 시장에서 시인은 스무살 시절 스스로 맺었던 약속을 지키며 살았고, 약속처럼 깨끗하게 안녕을 고했습니다.

'단 한시도 조국을 잊은 적 없고
단 하루도 할 일 저버린 적 없노라고
큰일은 못 했어도 저 들풀처럼 살았노라고
하여 행복했노라고
최후의 순간이 오면
바람에 하늘거리는 저 방가지똥처럼' (창살턱의 방가지똥)

자기 자식을 사랑하고 아끼는 사람은 많지만, 올바르게 사랑하기는 힘든 세상입니다. 자식 사랑조차도 왜곡되기 쉬운 세태에서 시인은 어떻게 그토록 많은 것들을 절절히 사랑했을까? 아내와 딸을, 부모님을 닮은 민중을, 풀 한 포기, 들꽃 한 송이, 돌멩이와 바람 소리도 눈여겨보고 귀 담아듣는 사랑의 시작에는 이 땅을 지키기 위해 피땀 흘려 싸운 무명씨들에 대한 감사와 사랑이 있었습니다. 역사를 알고 사랑하는 사람만이 현재는 물론 미래와 후대들의 역사도 제대로 사랑할 수 있다는 것을 시인은 가르쳐줍니다.

'눈 감고 생각해보면
역사의 굽이굽이
역력히 새겨진 그 돌격의 발자취들
눈을 들어 바라보면
조국산천 골골능선 환하게 반겨주는 티 없는 미소들' (무명전사의 미소)

이창기 시인의 작품집 『님을 따라』를 읽다보면 '사랑 많은 사람, 이창기'를 따라 생각하고 행동하고 싶게 됩니다. 시인은 시 '님을 따라'에서 이렇게 노래합니다.

'사랑하게 되면 다 그리 되는가요
님을 따르고만 싶어지는 이 마음
말투도
표정도
웃음도
…
사랑에 눈이 멀면 다 그리 되는가요
님의 취향
님의 뜻
님의 의지와 신념까지
이 내 가슴 깊이 새기고만 싶어집니다.
그 누가 뭐라 해도 그리 하고만 싶어집니다' (님을 따라)

일찍이 만해 한용운이 '복종'이라는 시에서 노래한 사랑을 훌쩍 넘어서는 숭고한 사랑의 실천이 시 '님을 따라'에 밝혀져 있습니다.

이 사랑의 실천법이 제가 감히 시집 『님을 따라』를 남보다 먼저 읽고 여러분께 추천하는 가장 큰 이유입니다.

삶과 사상, 작품 활동을 일치시키며 우리에게 이토록 묵직한 사랑의 무게를 일깨워주신 이창기 시인, 이창기 열사님께 깊은 존경과 감사의 인사를 올립니다.

당신의 후배여서 참으로 행복했습니다.

저도 '님을 따라' 우리 민족과 민중, 보이지 않는 후대들까지 아낌없이 사랑하겠습니다.

작가 후기

부족한 필력과 부족한 시간 그냥 열심히 살고도 싶었지만 밤을 모대겨 쓰면서 참삶이 무엇인지를 서서히 깨닫게 되고 나아가 시를 쓰는 문제는 해도 되고 안 해도 되는 문제가 아니라 역사가 내려준 의무라는 걸 깨닫게 되었습니다.

풍파 일렁이는 인생항로에서 내가 수없는 좌절과 실패 속에서 얻은 하나하나 삶의 진리를 당연히 후대에 전해주는 것 그것도 딱딱한 교과서적인 것이 아니라 통째로 전해 줄 수 있는 것이 바로 문학예술이라고 생각합니다.

이것을 하지 않는 것은 니들도 당해봐라 하는 심보와 다를 것이 없기에 시를 쓰는 문제는 구국의 실천과 더불어 또 하나의 의무라고 생각합니다. 우리 후대들에게 단지 통일된 땅과 건물만을 물려줄 수 없기 때문입니다. 벗들과 후대에게 고기가 아닌 낚시를 마련하는 마음으로 썼습니다. (『바보 과대표』 후기 1993년)

대학 시절은 평생과 바꾸어도 아깝지 않을 만큼 의미 있는 시간이었습니다. 그 깨달음이 있기에 아무리 사회가 각박하다지만 그리 겁이 나지 않습니다. 세상에서, 인생에서 제일 소중한 것이 무엇인지 알았기 때문입니다. 꿋꿋하게 대학에서 자신의 초소를 지키며 열심히 살아가는 후배들에게 조금이나마 도움 되기를 바라는 마음으로 글을 썼습니다. 저는 또한 동지들에게 부끄럽지 않게 사회에서 당당하게 성실하게 살아갈 것입니다.

아들 걱정에 마음고생으로 가슴 까맣게 타신 부모님, 또 그렇게 걱정으로 살아가실 부모님께 사랑한다는 말을 전해드리고 싶습니다. 시를 고르고 밥을 챙겨주며 고마웠던 친구들과 많은 이들에게 고마움을 전합니다.

문득 이 땅에는 너무도 아름다운 사람들이 많다는 생각에 가슴이 벅차오릅니다.(『10분 사랑』 후기 1996년)

전사는 전선에서 싸우다 숨을 거둘 때 가장 영예롭듯이 기자는 현장에서 취재를 하다가 눈을 감는 것이 가장 아름답다고 생각합니다. 그래서 투병과 취재를 동시에 진행할 결심을 세웠습니다. 투병을 포기하겠다는 것은 아니지만 나의 생이 그리 많이 남아있지 않음을 직감합니다. 나의 이 마지막 몸뚱어리를 남김없이 민족의 평화적 통일에 사용할 수 있도록 해 주십시오.(마지막 기사 2018.11.02.)

° 작가 후기는 시집 『바보 과대표』와 시집 『10분 사랑』의 작가 후기 발췌와 마지막 기사의 일부분으로 만들어졌습니다.